同春堂集

국립중앙도서관 출판예정도서목록(CIP)

동춘당집 : 선비의 공公과 사私 / 송준길 지음 ;
정태현 옮김 ; 이라나 평설. --서울 : 한국고전번역원, 2017
p. ; cm. -- (한국고전선집)

감수: 류준필
한자를 한글로 번역
권말부록: 아들과 손자에게 보낸 편지 ; 동춘당 송준길을 추억하며
연보수록
교육부로부터 인문학 진흥을 위한 저서출판지원을 받아 출간하였음
ISBN 978-89-284-0486-5 04080 : ₩12000
ISBN 978-89-284-0187-1 (세트) 04080

시문집[詩文集]
한문 문집[漢文文集]

810.819-KDC6
895.708-DDC23 CIP2017019338

동춘당집

송준길 지음
정태현 옮김
이라나 평설

한국고전번역원

한국고전선집을 펴내며

근대화, 산업화를 거치면서 멀어졌던 우리 고전이 근래에 들어 새롭게 독자들의 관심을 끌고 있습니다. 더 이상 우리의 것이기에 알아야 한다고, 우리 고전이기에 읽어야 한다고 강변하지 않아도 될 만큼 인식이 많이 변하였습니다.

그러나 우리 고전에 다가서기는 여전히 어렵습니다. 일단 지금은 쓰지 않는 한문이라는 장벽이 앞을 가로막습니다. 망망대해와 같은 방대한 양도 독자들의 선택을 방해하고 주눅이 들게 합니다.

선집은 그러한 장벽을 넘기 위한 사다리입니다. 광활한 바다에서 배를 인도해 줄 등대와 나침반이기도 합니다. 한 점의 고기만 먹어 보아도 그 솥 전체의 음식 맛이 어떤지를 알 수 있다는 말처럼, 잘 만들어진 번역 선집은 그 저자와 작품을 이해하는 훌륭한 길라잡이가 될 것입니다.

'한국고전선집' 시리즈는 저자의 방대한 저작 가운데 역사적, 현대적으로 의의가 있는 작품을 골라 그 인물의 삶과 사유의 흐름을 따라가거나 주제별로 분류해 엮은 고전 선집입니다. 학계의 연구 성과를 반영한 상세한 해설과 정확한 번역, 전문가의 감수를 거친 신뢰도 높은 판본으로서 청소년부터 일반 교양인에 이르기까지 누구나 쉽게 읽을 수 있습니다. 또한 사상, 철학, 문학, 과학, 역사 등 서종을 폭넓게 아우름으로써 독자들의 인성 함양과 통합적인 사고 형성에 기여하는 바가 클 것입니다.

한국고전번역원은 전신인 민족문화추진회 이래로 지난 수십 년 동안 한문으로 쓰인 수많은 우리 고전을 정리, 번역해 왔습니다. 학계는 물론이고 일반인에게도 많은 도움이 되었다는 것은 자타가 공인하고 있습니다. 한국고전번역원이 번역한 조선왕조실록이 한류의 원천이 된 드라마, 영화 등에 다양한 상상력을 제공한 것은 널리 알려진 사례입니다.

한국고전번역원이 기획하여 펴내는 '한국고전선집'에는 이런 경험과 전문성이 오롯이 담겨 있습니다. 오랜 경력을 지닌 국내 최고 수준의 전문가들이 선집 번역의 품질을 관리하여 가장 정확하고 유익한 책을 만들 것입니다.

고전은 언제나 우리 곁에 있었습니다. 먼지를 뒤집어쓰지도 않았고, 서고 속에 갇혀 있지도 않았습니다. 아무리 밝고 아름다운 달도 고개를 들어 쳐다보지 않으면 그 존재를 알 수 없듯이, 우리 곁에 있는 고전도 돌아보지 않으면 그 가치를 알 수 없습니다. 이 선집 시리즈가 여러분이 고전으로 돌린 시선을 계속 사로잡을 수 있으면 좋겠습니다.

한국고전선집 기획위원

| 차례 |

제2장

자신의 뜻을 지킨 '정正'
(30~43세)

제3장

군주와 만남의 '융隆'

(44~53세)

제4장

왕가를 보익한 '공功'
(54~66세)

제5장

일생을 바친 '충忠'
(67세, 생의 마지막 해)

부록

송준길은 누구인가

동춘당同春堂 송준길宋浚吉 1606~1672 의 일생은 특기할 만한 것이 없다. 세 임금의 신하였지만, 단 한 번도 큰 사건에 연루되지 않았다. 유배를 간 적도 없고, 물론 사약을 받거나 처형을 당하지도 않았다. 세상에 유행할 만한 큰 문장을 짓지도 않았고, 학문을 집성한 저술도 남기지 않았다. 병자호란이라는 역사의 파고를 겪은 조선을 중흥해야 하는 정치적 상황이었으나, 제수된 관직을 번번이 사양하였고 혹 짧은 기간 조정에 머무를 때도 언제나 경연에 참여하였을 뿐이다. 대사건이나 큰 업적이 없는 그의 삶과 문장을 어떤 하나의 관점에서 정리한다는 것은 쉬운 일이 아니다.

당대나 후대에 높이 평가받는 부분은 사계沙溪 김장생金長生 1548~1631 과 신독재愼獨齋 김집金集 1574~1656 의 뒤를 이은 예학禮學 의 종장宗匠 으로서의 면모이다. 왕가의 복잡한 상례 문제뿐만 아니라 사대부가의 예에 관련된 모든 일에서 그의 의견이 매우 중시되었다. 『동춘당집同春堂集』 별집에는 그가 문인들과 주고받은 예학 관련 편지가 다수 남아 있다. 그는 김장생과 김집의 예제禮制 정비 사업에 함께 참여하여 『상례비요喪禮備要』와 『가례집람家禮輯覽』을 완성함으로써 조선 예학의 이론 체계를 완비하였다. 그러나 이러한 점을 중점적으로 다뤄서는 송준길이라는 인물에 다가가기 어렵다.

그를 기억하는 많은 글 속에 비춰진 동춘당 송준길은 강직하면서도 온화하고 사려 깊으면서도 결단력 있고 다정하면서도 엄격한 신하이자 학자이자 아버지이자 벗의 모습을 하고 있다. 문집의 글을 가려 뽑은 선집選集으로 그런 그의 모습을 온전히 그려 낼 수 있을까? 강직함과 온화함, 사려 깊음과 결단력, 다정함과 엄격함은 언뜻 상반된 성격으로 보인다. 이렇게 상반된 모습이 한 인물 안에 공존한다는 것은, 그의 행보나 처세가 섬세하였고 그의 내면이나 인격이 단순하지 않았다는 방증이다. 겉으로는 비교적 평이하고 담백해서 시종여일하게 보이는 삶의 태도는, 내면을 성찰하여 자신을 제어할 수 있는 강도 높은 자기 수양에다가 사태를 직시하여 적절한 판단을 내릴 수 있게 하는 깊이 있는 공부가 함께해야 가능한 것이다.

송준길이 장년과 노년의 시기를 보낸 17세기는 국외로는 청이라는 대제국이 새롭게 일어난 때이고, 국내로는 병자호란이라는 국가적 대위기가 막 지난 시점이다. 새롭게 도래한 국외 정세에 적응하고 또 안으로 경제적, 정치적으로 손상된 국가를 일신해야 하는 때였다. 사대부들은 호란 후 어수선해진 국가의 기강을 세우고 국가 재정의 손실을 충당해야 하는 현실에 직면했다. 백성들은 지속적인 재해로 오랜 궁핍에 시달리는 가운데, 제대로 시행되지 않는 세금 정책으로 인해 삶이 피폐해져 있었다.

이러한 때에 송준길이 걸으며 보여 준 길은 임금 한 사람을 바로잡는 것이었다. 송준길은 효종孝宗과 현종顯宗의 스승이고, 나이 어린 숙종肅宗이 원자였을 때의 스승이기도 하다. 효종이 즉위한 해에 사헌부 집의에 제수된 송준길은 이런 말을 효종에게 올린다.

> 천하의 일은 임금 한 사람의 마음에 근본을 두지 않는 것이 없어서 모든 책임이 다 임금에게 돌아옵니다. 온갖 욕심이 양심을 공격하므로 위험스럽게 흔들리고 안정하기 어려운 정도가 보통 사람보다 만 배나 됩니다. 바라건대 전하께서는 조심하고 경계하여 공부를 조금이라도 게을리하지 마소서. 아직 드러나기 전에는 지키기를 더더욱 엄격히 하고 이미 드러난 즈음에는 성찰하는 바를 더욱 정밀히 하시면, 공명을 탐하는 생각이 없어져서 마음이 담박하고 고요하며 맑고 편안하여 참된 마음이 안에 자리 잡아 객기에 흔들리지 않고 혈기가 법도를 따르게 되어 회로애락에 잘못됨

이 없게 될 것입니다. 본원本源이 이와 같고도 정치의 효과가 드러나지 않았다는 말은 신이 아직 듣지 못했습니다.

그리고 죽기 직전에 쓴 것으로 추정되는 「유소遺疏」에도 현종에게 다음과 같이 말하였다.

신은 예전엔 사실 전하께서 삼대三代의 성왕聖王 못지 않게 되시리라 기대했었습니다. 그런데 지금까지 10년 동안 나랏일은 날로 그릇되고 조정의 의론은 날로 분열되어 위로는 하늘이 노하여 해마다 흉년이 계속되고 아래로는 백성이 원망하여 날마다 유망流亡의 소식이 들립니다. 신은 진실로 그 까닭을 모르겠습니다. 그러나 전하께서는 반드시 스스로 생각하면 그 까닭을 아실 것입니다. 경연에 잘 납시지 않아 학문이 진보되지 않고 마음의 바탕이 확립되지 않아서 아랫사람을 부리고 정사政事를 처결하는 데 오직 지략으로만 억측하십니다. 설령 이렇게 해서 자주 사리에 맞는다 하더라도, 이는 이미 공자께서 인정하지 않은 일입니다. 더구나 꼭 맞지도 않아 번번이 사리에 어긋나는 경우라면 어떻겠습니까.

이 두 예시만으로도 그가 조정에 있으면서 쇠약한 몸으로 경연에 빠짐없이 참여하고 기회가 있을 때마다 임금에게 공부를 게을리하지 않을 것을 진달한 이유를 짐작할 수 있다. 한 나라의 군왕이 한 몸을 정결하게 하고 한 마음을 올바르게 다스리는 것이 국가의 흥망성쇠와 밀접한 관련이 있다는 신념은 유학의 가장 기본적인 정치 철학이라고 할 수 있다. 송준길이 이러한 관점을 끝까지 밀고 나아간 데는 주자학 관련 서적의 탐독에 그 근원이 있다. 그의 독서는 장인 우복愚伏 정경세鄭經世 1563~1633의 영향이 가장 컸던 것으로 보인다. 평소 송준길이 학문으로 대성할 수 있는 그릇이라는 것을 간파한 정경세는, 『주자대전朱子大全』에서 주자의 편지글을 뽑아 퇴계退溪 이황李滉이 편집한 『주자서절요朱子書節要』를 항시 책상 위에 펼쳐 두어야 한다고 조언하였다.

송준길은 평생에 걸쳐 우암尤庵 송시열宋時烈과 함께 주자학에 관련한 글을 교정하고 편찬하였는데, 『연평문답延平問答』과 『근사록석의近思錄釋疑』를 교정하였고 『주문작해朱文酌海』와 『어록해語錄解』의 편찬에 관계해 발문을 지었으며 『심경心經』과 『소학小學』의 구두를 교정하고 정리해서 현종에게 올리기도 하였다. 특히 군주의 성학聖學에 『심경』이 매우 중요하다고 역설하며 경연에서 기회가 닿을 때마다 효종과 현종에게 『심경』을 강론하였다.

이러한 주자학의 영향은 강론에 멈추지 않는다. 그가 벼슬에 나아가는 것을 어렵게 여기고 물러나기를 쉽게 여기며 자신의 출처에 매우 조심한 것도 모두 주자의 법을 이어받았기 때문이다. 지평에 세 차례, 진선에 여섯 차례, 집의와 찬선에 각각 일곱 차례, 대사헌에 스물여섯 차례, 참찬에 열두 차례, 이조 판서에 세 차례나 제수되었지만, 언제나 시기와 의리를 헤아려 번번이 사직하였다. 송준길이 조정에 있었던 날은 겨우 1년 남짓에 불과하다.

송준길의 이력을 간단하게 살펴보자. 송준길은 1606년 선조 39년에 부친 송이창宋爾昌 1561~1627과 모친 김씨 부인 사이에서 태어났다. 자질이 남달랐을 뿐만 아니라 눈매가 수려하고 용모가 잘생겼던 것으로 전한다. 비교적 유복한 환경에서 자랐고 부친 송이창이 사대부 간에 명망이 있어서, 그의 관례에는 사계 김장생과 죽창竹窓 이시직李時稷 1572~1637이 빈賓이 되고 신독재 김집이 찬贊으로 참석하였다. 우복 정경세의 딸을 아내로 맞이하였으며, 뒤에 조석윤趙錫胤의 딸을 며느리로 맞고 민유중閔維重과 나명좌羅明佐를 사위로 맞이하면서 민광훈閔光勳, 나만갑羅萬甲과 사돈지간이 되었고, 청음淸陰 김상헌金尙憲 1570~1652의 집안과도 가까웠다.

1624년 19세에 진사에 합격하였으나 부친상을 당한 후 과거에 응시하지 않았다. 1633년 동몽교관에 임명되지만 잠시 부임했을 뿐 정경세가 별세하자 곧 귀향하였다. 소현세자가 홍서한 1645년에 소현세자의 아들을 왕위 계승자로 삼기를 청한 상소가 문제가 되어 효종이 즉위하기 전까지 벼슬에 나가지 않았고, 1649년 효종이 즉위하면서 산림의 현자들을 대거 등용하였는데, 이때 송준길도 진선에 천거되었다. 그러나 김자점金自點 1588~1651을 탄핵하였다가 청나라와의 관계 때문에 정치 일선에서 물러나게 된다.

효종이 승하한 후 장렬왕후의 기년복을 주장하다 정치적 갈등을 겪기도 하지만, 현종조에도 진퇴를 거듭하면서 만년에 이르기까지 꾸준히 관직을 제수받는다. 특히 1665년에는 훗날 숙종이 될 원자의 보양관이 되어 교육을 맡는다. 그는 적극적으로 정치 활동을 하는 대신 경연을 통해서 자신의 학문적, 정치적 견해를 피력하였다. 1667년 62세에 간관들이 남인 재상 허적許積을 탄핵하다가 하옥당하는 일이 벌어지는데, 이때 간관들을 변호하던 송준길은 허적 등에 대해 강경한 입장을 보인다. 1670년 65세에는 세자의 관례 때문에 부름을 받고 서울로 올라왔지만, 결국 제자 김징金澄의 뇌물 사건을 변호하다 고향으로 돌아갈 뜻을 굳힌다. 그리고 2년 후인 1672년 회덕懷德에 있는 자신의 서재인 동춘당에서 별세하였다.

위에 열거한 공적인 행보 말고 송준길 개인사를 살펴보면, 16세 어린 나이에 모친을 여의고 부친도 그가 22세가 되던 해에 별세한다. 정경세의 사위가 되었지만 장가든 지 10여 년

후에 정경세마저 세상을 떠난다. 29세에는 어린 딸이 죽었고, 44세에는 사위 나명좌가 혼례를 치른 지 1년 만에 죽었다. 부인 정씨도 송준길이 50세 되던 해에 그보다 먼저 세상을 떠났다. 설상가상으로 57세 때에 과부가 된 딸마저 자결하고 만다. 청년 시절에 아버지의 상을 치르면서 건강이 나빠진 후로 송준길은 평생 고질병을 안고 살았다. 몸이 쇠약했던 그는 일련의 죽음을 맞는 것이 다른 사람들보다 배나 고통스러웠다. 건강이 악화되어 딸의 발인에도 가지 못할 정도였다.

그가 가족과 벗들을 아낀 마음이나 이웃과 친척을 대한 태도는 후손이나 문인들이 남긴 기록에 종종 언급되어 있다. 그러나 단편적인 기록으로서 각기 자신들이 보고 들은 일면만을 기억한 것이기에 송준길의 여러 모습을 살펴보는 데는 도움이 되지만, 전체적으로 그를 조명하는 데는 한계가 있다.

이미 언급했듯이 송준길이 사직을 청할 때마다 번번이 들고 나온 이유는 대부분 오랜 신병이었다. 그러나 조정의 신하들은, 송준길이 떠나려 하는 이유가 그에 대한 대우가 기대하는 바와 달리 경연에 참여시켜 강학이나 맡게 하는 데에 그친 점에 있다고 지적하고 그의 사직을 만류하도록 강하게 주청하였다. 고향으로 돌아간 송준길이 벗들에게 보낸 편지의 내용이 온통 시사에 대한 언급과 국가를 위해 어떠한 행보를 해야 하는가에 대한 것들이었음을 감안하면, 충분히 타당한 해석으로 보인다.

공적 진퇴에는 사적인 이유, 곧 고질병의 악화와 요양의 필요나 증조모의 성묘 등을 표면에 내세우면서, 집안에 틀어박혀서는 국가의 일에 단 한순간도 눈과 귀를 거두지 않는 태도는 자못 모순되어 보인다. 그러나 이러한 태도야말로 당시 사대부의 '품위'라고 할 수 있을지도 모른다. 이렇듯 정치적 이유를 내세우지 않는 공적 진퇴와 전혀 개인적이지 않은 사적 태도를 어떻게 이해해야 할까?

조선의 선비에게 공公과 사私, 국가와 개인은 오늘날처럼 뚜렷이 대립되는 관계가 아니었다. '사'는 '공'을 위한 보완 관계에 있었다고 보아야 할 것이다. 즉 사정私情의 편안함은 오직 공의公義의 안정에 달려 있고, 개인의 진퇴는 다분히 공적 관계의 도의성에 바탕을 둔 균형 감각에 달려 있다.

이에 다소 큰 굴곡 없이 밋밋하게 그려진 송준길의 인생 그래프에서 내적, 외적으로 분기를 만들었다고 할 수 있는 지점에 주목하여 그의 공적 행보와 개인적 삶을 살펴보고자 한다. 그 시기에 임금께 올린 소차류의 글을 통해 정치적으로 어떤 입장이었는지를 대략 살펴보고, 이어 그즈음에 주고받은 편지를 통해 그의 사적 발언을 확인해 보면, 그의 마음이 공적인 표출과 크게 차이가 없다는 것을 알 수 있다.

그에게서는 한 개인의 삶, 국가라는 가상 크고 중요한 공의,

그리고 그 국가를 통해 연결된 하늘 및 백성을 별개의 것으로 나누어 생각하는 어떠한 구분도 찾아보기 어렵다. 선을 실행시키려는 절대적 의지를 가진 하늘, 그 하늘의 명을 받아 자신의 몸과 정치에서 구체적으로 선을 실현해야 하는 군주, 그러한 군주를 보필하고 경계시켜 백성이, 더 나아가 만물이 하늘의 의지에 걸맞게 살아가고 존재할 수 있도록 해야 하는 사士가 함께 그려진 커다란 그림 속에 송준길 개인의 삶이 녹아 있는 것이다.

이러한 신념 혹은 가치 체계가 과연 오늘날에도 타당한가 반문하는 것은 다소 성급해 보인다. 그 평가에 앞서 먼저 알아야 할 것은, 송준길의 신념과 사상이 그의 독서에서 연유한다는 사실이다. 송준길은 자신이 읽고 이해한 대로 믿었고 그 믿음에 따라 살았다. 그러므로 송준길의 삶과 사상에 대한 평가를 위해서라면, 오늘날 우리 자신이 읽은 대로 믿고 믿는 대로 사는지 먼저 물어야 한다. 송준길에 버금가는 밀도와 강도를 갖춘 우리 자신의 신념과 실천적 의지를 내보일 수 있을 때, 비로소 송준길과 긴밀한 대화와 토론을 시작할 수 있을 것이다.

송준길 한 개인의 영광과 불행도 그러한 신념과 실천이 그려 낸 하나의 그림 속의 일부분일 뿐이다. 자신의 영광은 성군을 만나 태평 시대를 열었기 때문에 찾아온 것이고, 자신의 불행은 그러한 세상을 만드는 데 동참할 수 없게 만드는, 선비로서 부족함에 불과하다. 바로 주자가 "사대부 출처出處의 득실은 비단 선비 한 몸의 사사로운 일일 뿐 아니라 실로 풍속의 성쇠와 관계된다."라고 한 말이 이를 잘 설명해 주고 있다.

선집을 구성하면서 큰 어려움이 있었는데, 『동춘당집』에 남아 있는 글 대부분이 그가 조정에 올린 상소류와 주변 사람들에게 보낸 편지라는 것이다. 세상을 떠들썩하게 한 글도 없고, 역사에 길이 남을 명문도 없다. 세상을 주유하며 지은 유람기나 기문도 없으며, 사유를 개진한 논설도 없고, 다른 책에 쓴 서문이나 발문도 얼마 되지 않는다. 신도비나 묘지명 종류의 글도 많지 않다. 조선 시대 문집의 첫머리를 장식하는 시詩마저도 그의 문집에서는 거의 찾아볼 수 없다. 죽은 이를 위한 만시가 몇 편 남아 있을 뿐이다.

그러나 눈 밝은 이들이라면 볼 수 있고 보아야만 하는 면모가 송준길에게 적지 않다. 박세채朴世采 1631~1695가 송준길의 글에 대해서 "춘당春堂의 상소와 편지는 진실하고 합당해서 한 글자 한 글자 모두 보배롭다."라고 하였듯이, 그의 상소문과 편지는 송준길을 이해하는 데 중요한 길잡이가 된다.

문인 송규렴宋奎濂 1630~1709은 독특한 방식으로 송준길의 삶을 정리하였다. 그는 송준길의 일생을 개인적 삶에서 보인 태도와 시기별로 공적 행보가 가지는 의미로 나누어 각각 네

가지의 키워드로 이름 붙였다.

먼저 송준길이 개인의 삶에서 견지하고 성숙시킨 태도에 대해서는 자신의 몸을 공경히 지킨 방법, 예를 실천한 행실, 집안을 다스린 미덕, 다른 이를 대하는 성실함으로 나누어 설명하였다. 그리고 다시 송준길의 일생을 넷으로 구분하여 초년은 '도를 지킨 바른 기상', 중년은 '군주와 의기투합한 융성함', 만년은 '왕가를 교육한 공렬', 그리고 그의 평생을 '나라에 바친 충성'이라고 정의하였다. 송준길의 전 생애는 개인적인 삶의 태도를 공적 행보 속에서 견지하기도 하고 또 개인의 삶과 공의가 충돌할 때는 충돌한 채로 경우에 따라서는 상호 보완되면서, 송규렴이 이름 붙인 여덟 가지 키워드가 서로 교직했다고 볼 수 있다.

선집에서는 송규렴이 동춘당의 일생을 네 시기로 구분한 것에 따라 기본 틀을 구성하였다. 그리고 시기별로 그의 행보와 관련된 중요한 소차류의 글을 선별하고, 이에 관련되어 지인들에게 보낸 편지를 함께 뽑았다. 그의 공적 태도와 사적 발언을 함께 볼 수 있게 하기 위한 것이다.

아울러 자식과 사위의 죽음, 스승과 벗의 죽음 같은 극히 개인적인 문제들에 관련된 것도 선록하였다. 그의 절실한 마음을 솔직하고 온화한 문체 속에서 확인할 수 있을 것이다. 그리고 송규렴이 송준길의 삶에 대한 태도로 정의한 공경, 예,

미덕, 성실함을 엿볼 수 있는 글들도 함께 뽑았다. 또 다소 내용이 소략하고 딱딱하지만 학문적 성과라 할 수 있는 주자 문헌에 관한 글도 빠뜨리지 않았다.

그리고 마지막에 부록으로 송준길이 아들과 손자에게 보낸 편지와 송준길에 대해 동시대와 후대의 문인들이 남긴 말을 수록하였다. 이를 통해 송준길이 후손들에게 무엇을 강조하였는지 직접 들을 수 있고, 또 그의 주변 사람들이 어떻게 그를 기억하고 어떤 면에서 그를 흠모하였는지 확인할 수 있을 것이다.

『동춘당집』에서는 송준길의 30대 이전의 글이 거의 없어서 젊은 시절의 그를 살펴볼 자료가 적었다. 그래서 여러 기록에서 젊은 시절에 관련된 기록들을 모아 '젊은 시절에 관한 기록들'이라는 제목으로 묶어 앞머리에 소개하였다.

미호渼湖 김원행金元行 1702~1772은 송준길이 후학에게 남기지 않은 것이 두 가지 있다고 하였다. 하나는 초상화이고, 또 하나는 강론한 내용을 묶은 책이다. 송준길이 초상화를 남기지 않은 것은 그의 겸손한 덕 때문이고, 강론을 글로 남기지 않은 것은 입과 귀로 전하는 불완전한 학문을 경계한 뜻이라고 한다. 그렇지만 김원행은, 비록 모두 좋은 뜻이긴 하지만 결국 백세 뒤에 후인들이 동춘당을 경모하면서도 그의 용모를 우러러볼 수 없으며 또 그의 학문을 연구할 근거가 없다는 점을 매우 한스럽게 생각했다.

선집을 편차하면서 또한 같은 안타까움을 느꼈다. 초상화가 남아 있었다면 그 모습을 통해 그의 인품과 성정을 조금이나마 상상해 볼 수 있을 것이고, 강학한 내용이 글로 남아 있었다면 조선 경학사를 관통하는 성리학의 면모를 송준길을 통해 재정리할 수도 있을 것이다. 그러나 그러한 안타까움을 뒤로 한 채 『동춘당집』 전반을 재검토하면서 송준길이라는 한 선비가 당시의 복잡한 정치 상황 속에서 어떠한 태도로 자신의 지조를 관철하였는지, 또 개인적인 불행 앞에서 어떠한 마음으로 이를 받아들이고 수습하였는지 새삼 확인할 수 있었다.

초상화를 남기지 않은 것은 오늘날이라면 사진을 남기지 않는 것과 비슷할지도 모르겠다. 초상화가 있다면, 자신이 자기 얼굴을 볼 수도 있고 후손이 선조의 얼굴을 볼 수도 있을 것이다. 이를 거부한 송준길이기에 오늘날의 우리는 문집에 남겨진 글을 통해서 그의 뒷모습만을 보게 된다. 우리에게 뒷모습만을 보인 채 그 시선이 향한 곳은 어디일까. 송준길이 믿고 의지하며 또 따르고자 한 선현들의 책이리라. 이 선집이, 방을 깨끗이 쓸고 고요히 앉아 서책을 읊조려 읽고 있는 단아한 그의 뒷모습을 그려 보는 데 보탬이 될 수 있기를 바란다.

제 1 장

젊은 날의 초상

1 ~ 29세 송준길은 어려서부터 다른 사람들에게 주목을 많이 받았다. 외모가 수려했고, 문장이나 글씨로도 이미 젊은 시절부터 이름이 있었다. 18세에 우복 정경세의 사위가 되었는데, 정경세가 그를 매우 공경히 대우하며 어려워할 정도였다 한다. 송준길은 16세에 어머니를 여의었고, 다시 22세에 아버지 송이창마저 잃었다. 그런 그에게 형제 같은 벗 이엄의 죽음, 장인 정경세의 죽음, 그리고 연이은 여덟 살배기 어린 딸의 죽음은 일찍부터 죽음의 문제를 생각하게 하는 계기가 되었다.

젊은 시절에 관한 기록들

1606년 선조 39 12월 28일, 아버지 송이창이 관직 생활 때문에 잠시 거처하던 정릉동 집에서 태어났다. 이 집은 바로 황강黃岡 김계휘金繼輝의 옛집으로, 뒤에 송준길의 스승이 되는 사계 김장생과 그의 아들 신독재 김집도 모두 이 집에서 출생하였다. 세상 사람들은 특이한 일로 전한다.

눈매가 그림처럼 수려하고 용모가 잘생겼다. 피부가 깨끗하고 정신이 맑아 사람들이 "정신은 가을 물처럼 맑고, 골격은 옥처럼 아름답다."라고 칭찬하였다.

겨우 지각이 생기는 어린 나이부터 어른의 말씀을 공경하고 받들었다. 어른을 만나면 반드시 단정한 용모로 꿇어앉았다. 하루는 아버지가 청소를 하면서 어린 송준길을 손님 자리에 잠깐 앉혀 놓았는데, 몹시 불안해하며 몸을 움츠린 채 그 자리를 피하였다.

아버지가 먼 길을 떠나 떨어져 있을 때, 어머니가 농담으로 "네 아버지가 지금 편지를 보내셨다. 그런데 네가 편지를 읽을 수 없으니, 부끄럽구나."라고 하자, 송준길이 눈물을 흘리며 밤새도록 근심하는 기색이 있었다. 이 일이 있은 뒤부터 글 배우기를 청하였으나, 아버지는 건강을 해칠까 염려하여 막았다.

아홉 살에 글을 배웠다. 글 읽기를 좋아하여, 혹 아버지께 일이 있어 그날 공부를 하지 못하면 반드시 다시 가르쳐 주기를 청하였다. 비록 밤이 되어도 배우지 않고는 잠을 자지 않았다. 1년 만에 『사략史略』을 다 읽었다.

글씨를 익히기 좋아하였다. 열 살이 채 안 되었을 때, 글씨를 잘 쓰는 죽창 이시직이 그의 글씨를 보고서 "네 글씨가 내 것보다 낫다."라고 칭찬하였다. 이웃 아이와 사귈 때도 반드시 편지를 주고받았는데, 문장이나 글씨가 어른이 쓴 것 같았다. 송준길의 글씨를 가져가서 감상하는 이들이 많았다.

『사략』을 배울 때 아버지가 "'남이 감히 속이지 못하는 경우', '남이 차마 속이지 못하는 경우', '남이 속일 수 없는 경우' 이렇게 세 가지 경우가 있는데, 어째서 이처럼 세 가지 경우가 생기는 것이냐?"라고 물었다. 송준길이 "위엄이 있으면 남이 감히 속이지 못하니, 이는 두려워하기 때문입니다. 인자한 마음이 있으면 남이 차마 속이지 못하니, 이는 진심으로 복종하기 때문입니다. 슬기로운 꾀가 있으면 남이 속일 수 없으니, 이는 그 사람의 총명함에 복종하기 때문입니다."라고 대답하였다. 아버지가 다시 "그렇다면 이 세 가지 중에 어느 것이 가장 좋으냐?"라고 묻자, 송준길은 "남이 차마 속이지 못하는 것이 으뜸입니다. 그리고 속일 수 없는 것이 다음이고, 감히 속이지 못하는 것이 꼴등입니다."라고 대답하였다. 아버지가 크게 기특해하였다.

벗인 우암 송시열이 추억하기를 "내가 8, 9세 때 그의 집에서 함께 자랐는데, 그때 언제나 그의 옷을 같이 입었다. 내가 다해지고 이가 들끓는 옷을 입고 있으면, 어머니께 말씀드리고 자기가 입은 옷을 나에게 벗어 주었다."라고 하였다.

13세 때, 밤낮으로 그치지 않고 책을 읽으며 지나치게 애를 쓰니 아버지는 그가 병이 날까 걱정이 되었다. 그래서 항상 무릎 아래에 불러 놓고 장기를 두도록 해서 조금이라도 놀면서 쉬게 하려 했는데, 그는 끝내 놀이에는 마음을 두지 않았다.

사계 김장생은 송준길의 외당숙이다. 18세에 김장생의 문하에서 수학하였다. 문하를 왕래하며 모든 글을 다 통달하였다. 특히 예禮에 관련된 책에 정통하고 해박하여 예서禮書의 글을 마치 자기의 말처럼 외웠다. 이때 사계 선생이 사람들에게 한창 예를 가르치고 있었는데, 송준길의 모습에 무척 기뻐하며 "이 아이는 뒷날 반드시 예가禮家의 종장宗匠이 될 것이다."라고 말하였다.

덕과 재능이 나이에 비해 성숙하고 학문과 예술에 뛰어나니 과거 시험장을 출입할 때 그 모습이 마치 상서로운 기린과 아름다운 봉황 같았다. 가는 곳마다 사람들이 둘러서서 송준길을 한번 보기를 원하였다. 하루는 비도 내리고 날씨도 추웠는데, 송준길은 단정히 팔짱을 끼고 앉아 시험지를 쓰는 일에 마음이 없는 듯하였다. 시험장 안의 사람들이 "송 아무개는 백지를 제출할 것이다."라고 떠들어 댔다. 그런데 해가 기울기 전에 그는 천천히 종이를 펴고 담 밑으로 갔다. 담을 향해 서서 잠깐 사이에 시험지를 다 쓰니, 사람들이 또 한데 모여 경탄하였다.

진주 정씨晉州鄭氏를 아내로 맞았다. 바로 우복 정경세의 딸이다. 정경세가 송준길을 한 번 만나보고는 대성할 사람으로 기대하여 매우 공경히 대우하였다. 하루는 송준길이 온다는 말을 듣고는 즉시 노복에게 명하여 집 안을 청소하고 서가를 정돈하게 하면서, 집안사람들에게 방심하지 말도록 경계하였다. 한 손님이 이상하게 여겨 "사위를 대접하는 데 무엇 때문에 이처럼 경외하십니까?"라고 묻자, 정경세는 "이 사위는 예사로이 대우할 수 없습니다."라고 대답하였다.

성균관에서 유학할 때 기세를 부리며 멋대로 구는 귀족 자제 몇몇이 있었는데, 송준길을 만나면 겉으로는 언행을 조심했지만 사실 속으로는 그를 꺼렸다. 이해창李海昌이 송준길에게 조용히 이르기를 "내가 보기에 그대는 과거를 보아 녹이나 먹을 평범한 사람이 아닐세. 무엇 때문에 이곳에 오래 머물러 남의 미움을 사는가."라고 하니, 송준길이 즉시 고향으로 돌아갔다.

송준길은 과거를 볼 때마다 합격하였다. 한번은 전시殿試에 응시하여 상위권에 들었다. 그때 시험관으로 참석한 장인 정경세가 급히 그의 시험지를 숨기며 말하기를 "이 사람이 과거에 급제하는 것은 언제든지 할 수 있는 일이니, 꼭 오늘 급제할 필요가 뭐 있겠는가."라고 하며, 다른 시험관들이 말을 해도 듣지 않았다. 봉해 놓은 이름을 열어 보니, 바로 송준길의 시험지였다. 그러자 시험관들은 서로 돌아보며 아깝다고 탄식하면서도 혐의를 멀리한 정경세의 식견에 더욱 탄복하였다.

어머니가 돌아가셨을 때 슬픔으로 인해 몸이 많이 상했는데 아버지가 돌봐 주고서야 겨우 몸을 추스를 수 있었다. 아버지마저 돌아가셨을 때 송준길은 슬픔으로 몸이 더욱 여위어서 결국 병이 들고 말았다. 스승인 김장생의 간절한 타이름 때문에 감히 부모의 뒤를 따르지는 않았지만, 일생토록 따라다닌 쇠약한 병세는 사실 이 일에서 기인한 것이다.

25세에 익위사 세마에 제수되었으나, 관직에 나아가지 않았다. 이때 장인 정경세가 서울에서 송준길에게 편지를 보냈다.
"이번에 받은 관직은 아무래도 나아가는 것이 마땅할 듯도 한데, 그대가 편지로 보여 준 뜻을 자세히 살펴보니 참으로 '금의 무게를 다는 미세한 저울로 정확하게 달아 낸다.'라는 것일세그려. 매우 기쁘네."

아버지가 돌아가신 뒤로 과거 공부를 그만두고 성리학에 전념하여, 전후로 내린 관직에 모두 학문이 모자란다는 이유로 사양하고 나아가지 않았다.
젊은 시절에 서책을 가지고 회덕에 있는 고산사高山寺로 들어가 공부하였다. 새벽에 일어나 선방에 꿇어앉아 쉬지 않고 강송하다가 해가 저문 뒤에야 비로소 침소로 돌아오는 것을 매일의 규칙으로 삼았다. 그때 절에서 이를 본 늙은 중이 지금까지 이 일을 이야기로 전한다고 한다.

『동춘당집』에는 송준길이 30세 이전에 쓴 작품이 많지 않다. 송준길의 장년과 노년의 작품을 읽기에 앞서 어린 시절과 젊은 날의 모습을 기록한 글을 통해 그가 어떤 사람이었는지 그려 보는 것이 도움이 될 것이다.

송준길의 젊은 시절에 관한 기록은, 대체로 농암農巖 김창협金昌協 1651~1708이 정리한 『연보』와 벗인 우암 송시열의 「묘지명」, 그리고 손자 송병하宋炳夏가 남긴 기록 중에서 그의 청년 시절에 관해 언급한 글을 뽑은 것이다. 송준길의 바른 성품과 뛰어난 언행은 직접 쓴 글 속에서도 나타나지만, 동시대에 가까이 보고 들은 사람들의 기록 자료를 통해 그려 볼 수 있을 것이다.

한 가지 기억해 둘 점은 송준길은 16세에 어머니를 잃고 22세에 아버지를 여의었는데, 이 두 차례의 부모상을 치르며 몸을 많이 상하였다는 것이다. 이 일 때문에 평생 허약한 몸으로 오랫동안 병을 앓은 것으로 보인다. 그의 사직 상소를 보면 사직하는 주된 이유로 나이에 비해 쇠약한 체력과 자주 발병하여 쉽게 낫지 않는 병을 들고 있는데, 그것이 공연한 핑계가 아니었음을 알 수 있다.

왕래리 옛 관사 벽에 쓰여 있는 이엄의 시 뒤에 쓰다

王來舊館 書李士尙壁間詩後

고개 돌려 보니 벽에 쓰인 두 사람 이름	回瞻壁上二人名
담담한 물 같이 마음 나눈 형제라오	淡水交心是弟兄
갈 때는 동행했건만 오는 길은 혼자뿐	去路同行來路未
첩첩 푸른 산 나 홀로 돌아가는 마음이라니	靑山萬疊獨歸情

이 시는 죽은 벗 상사上舍 이사상李士尙 이엄李俺의 작품이다. 지난 4월 초순에 상주尙州로 우복 정경세 어른을 방문하러 갈 적에 이사상도 어버이의 병환 때문에 용성龍城으로 약을 지으러 간다고 하였다. 드디어 날짜를 약속하고 나란히 말을 타고 길을 떠나니 여행이 매우 즐거웠다.

보은報恩 왕래리에 이르러 말에게 꼴을 먹이느라 잠시 머물렀다. 이사상이 갑자기 탄식하며 "나란히 말을 타고 먼 길을 가는 것은 덧없는 인생에 결코 쉬운 일이 아니니, 어찌 기념하지 않겠는가." 하고는 곧 붓 주머니에서 붓을 꺼내 관사의 벽에 두 사람의 이름을 썼다.

돌아갈 때 이사상이 먼저 떠나고 나는 뒤에 떠나게 되었다. 이사상이 돌아가는 길에 전에 들른 왕래관에 당도해서 시 한 수를 지어 전에 써 놓은 이름 밑에 큰 글씨로 썼으니, 그것이 바로 이 시이다.

열 달 뒤에 내가 또 상주로 갈 때 다시 이 왕래관에 묵게 되었다. 써 놓은 시를 어루만져 보니, 필적은 옛 모습 그대로인데 이사상은 이미 황천의 나그네가 되었구나. 아, 아침 이슬 같은 덧없는 인생이 끝내 이런 것인가. 이 시의 28자가 오늘 내가 느끼는 심정을 그림같이 그려 내고 있으니, 참 이상하기도 하다. 이것이 이른바 '시참詩讖'*이라는 것인가.

나와 이사상은 어렸을 때부터 함께 지내며 교분이 금석같이 단단하였다. 그런데 지금 갑자기 나를 버리고 먼저 가 버렸으니 이사상의 죽음을 나만큼 슬퍼하는 사람은 없을 것이다. 그러나 나는 이 세상 태어나고 죽는 일에 연연하는 마음에서 벗어난 지 오래다. 만나고 헤어짐이 자연의 조화에 따라 이루어지고 오래 살든 일찍 죽든 결국은 한곳으로 돌아간다는 것은, 본래부터 이미 잘 알고 있는 일이다. 또 무엇 때문에 슬퍼할 필요가 있겠는가. 우선 이 글을 써서 이사상의 죽음을 슬퍼하는 벗들에게 보인다.

* 시참詩讖 : 우연히 지은 시의 내용이 뒷일과 꼭 맞는 경우를 이르는 말이다.

1631년인조 9 저자 나이 26세에 쓴 글이다. 『동춘당집』에 벗 이엄을 위해 지은 「묘표」와 「제문」이 남아 있다. 이엄은 이시직의 아들로 1605년에 태어났다. 송준길보다 한 살 위로, 송준길이 이엄을 처음 만난 것은 8세 무렵 회덕에 살 때이다. 형제가 없던 송준길은 그를 형제처럼 믿고 따랐고, 뒤에는 사계 김장생의 문하에서 함께 수학하였다. 송준길에게 이엄은 젊은 시절 둘도 없는 벗이었다. 이엄이 죽은 시기에 김장생도 별세하여 송준길은 스승의 장례로 인해 결국 이엄의 장례에 참여하지 못했고, 이 일을 두고두고 많이 애석해하였다.

우복 정 선생께 올리는 제문
祭愚伏鄭先生文

계유년1633 8월 22일에 사위 봉직랑奉直郎 전 동몽교관童蒙敎官 송준길은 삼가 술과 과일을 올리고 장인 우복 정 선생의 영전에 영원한 이별을 고합니다.

아, 슬픕니다. 국가의 어른을 잃고 집안의 부모를 잃었습니다! 태산이 무너지고 들보가 꺾였습니다! 조정에서 슬퍼하는 경대부나 길에서 탄식하는 상인이나 서리나 집에서 통곡하는 서생들이 모두 "국가는 누구를 의지하고 백성은 누구를 우러르며 우리들은 장차 누구를 본받을 것인가."라고 합니다. 평소에 취향이 달라 가까이 지내지 않던 자들까지도 눈물을 흘리며 안타까워하지 않는 이가 없습니다. 아, 과연 누가 이렇게 만든 것입니까.

선생께서는 문장이 세상에 모범이 되어 후세에 전하기에 충분하고, 바른 학문이 선현을 계승하고 후학을 일깨우기에 충분하며, 효도와 공경이 사람들에게 감동을 주어 어진 마음을 일으켜 교화를 이루기에 충분합니다. 임금을 사랑하고 백성에게 은택을 끼치려는 뜻과 나라를 걱정하고 풍속을 근심한 선생의 마음을, 귀신이 증명하고 어리석은 자든 슬기로운 자든 모두 함께 우러르기 때문입니다. 이해를 따지는 사심이 당시에 선생의 공덕을 가렸으나 떳떳한 천성은 끝내 오늘날에 사라지지 않았으니, 이 어찌 '사람은 하지 못하는 짓이 없지만 하늘은 거짓을 용납하지 않는다.'라는 것이 아니겠습니까.

그러나 저에게는 차마 말할 수 없는 것이 있습니다. 처음에 저는 자질이 어리석어 학문에 방향을 모르다가, 약관의 나이에 비로소 선생의 문하에 예를 올렸습니다. 선생께서는 장님이 지팡이로 땅을 더듬어 길을 찾듯이 하는 저를 가엾게 여기시고 저에게 평탄한 큰 길을 보여 주셨습니다. 일상생활에서와 강의할 때 언제나 친절히 직접 가르쳐 주셨습니다. 그리고 연못에 연잎이 막 뜨기 시작하고 정원에 죽순이 돋아날 때면 지팡이를 짚고 한가로이 산책하시면서 눈앞의 사물마다 그 이치를 정성껏 일러 주셨습니다. 제가 어리석고 변변치 못하여 비록 제대로 논박하고 의리를 밝혀서 가르쳐 주신 선생의 뜻에 부응하지는 못했으나, 비로소 이 학문이 있다는 것을 알게 되어 혹 소인小人이 됨을 면하였습니다. 이것이 누구의 은혜입니까.

경오년1630 겨울 선생께서 벼슬을 내놓고 돌아오신 다음 해에 제가 달려가 뵈었더니, 선생께서는 평소보다 더욱 기뻐하고 사랑하며 말씀하셨습니다. "내가 평소 주자朱子의 글을 매우 좋아하나 더불어 말할 만한 사람이 없었으니, 봄이 되어 날씨가 따뜻해지면 그대를 데리고 내산內山으로 들어가서 함께 검토하고 싶네. 그리고 때때로 가마를 타고서 낙수洛水 가의 명승을 찾아 노닐면서 여생을 마친다면 어찌 지극한 즐거움이 아니겠는가."

그러나 얼마 되지 않아 선생께 병이 생겨 전에 말씀하신 '지극한 즐거움'을 얻을 수 없게 되자, 또 저에게 "나는 이제 틀렸으니, 내가 죽은 뒤 장례 일과 앞으로 있을 모든 일을 오직 자네에게 부탁하네. 상자에 있는 유고를 자네가 정리하고 미성未成한 어린 손자를 자네가 가르치게나."라고 하셨습니다. 간곡하게 부탁하신 그 유언이 마음속 깊이 새겨져 잊히지 않고 있습니다. 지금에 와서 생각해 보면 어찌 가슴이 아프고 창자가 끊어지지 않겠습니까. 아, 슬픕니다.

지난봄 눈물을 흘리며 작별을 고할 적에 선생의 병환이 끝내 고칠 수 없는 고질임을 알고 있었습니다. 그래도 신명의 도움으로 침식寢食이 편안하셨기에 가을에는 아이들을 데리고 가서 다시 지난해처럼 단란히 앉아서 웃음을 드리겠다고 생각했습니다. 그런데 뜻밖에 왕명을 받고 서울로 올라간 지 채 열흘도 되기 전에 부고訃告가 당도하였습니다. 하늘이시여, 이 슬픔이 어찌 끝이 있겠습니까.

아, 장례에 관한 일은 선생께서 부탁하신 것일 뿐만 아니라 소자가 정성과 힘을 다 바쳐야 할 것이기도 합니다. 그러나 천리 먼 길에서 부고를 받고 달려오다 보니 시일이 늦어 평소의 계획이 이미 어그러졌습니다. 진작 이렇게 될 줄 알았다면, 어찌 감히 하루인들 곁을 떠나 다른 곳으로 가서 선생의 깊은 뜻을 따르지 못하고 저의 처음 마음을 저버렸겠습니까. 끝없는 이 통한을 늙어 죽도록 풀기 어려울 것입니다. 아, 슬픕니다.

선생께서는 보폭이 넓고 기력이 건장하셨으며, 많은 사람의 비난 속에서도 전혀 흔들리지 않고 고고한 자세로 사람들을 굽어보셨습니다. 명성이 금옥의 소리가 울려 퍼지는 것처럼 원근에 전파되고 인품은 산이 솟고 물이 고인 것처럼 굳세면서도 침착하셨으며, 흉금을 활짝 열고 맑고 아름다운 내면을 드러내셨습니다. 그리하여 마치 봉황이 세상에 나타나서 모든 새의 표준이 되듯이 사람들의 표준이 되셨습니다. 이러고 보면 하늘이 선생을 낸 것은 장차 큰일을 하게 하려 해서인 듯한데, 도리어 뒤흔들고 좌절시켜 세상에 나아가서는 당시에 끝까지 쓰이지 못하게 하고 물러나서는 후학에게 행운을 전하지 못하게 한 것은 무슨 까닭입니까? 이것이 하늘이 정한 운명이란 말입니까, 아니란 말입니까?

아, 선생께서 조정에 계실 때는 근본이 배양되어 원기가 완전하고 조정의 의논이 결정되어 국시國是가 정해졌더니, 선생이 한 번 떠나자 튼튼한 제방이 대번에 무너져서 온갖 괴변이 생겨 거의 수습할 수 없는 지경에 이르렀습니다. 이를 보면, 백세 이전이나 만세 이후에 반드시 한없이 탄식하며 영원히 그리워하는 이들이 있을 것입니다. 그러니 이 어찌 하늘이 정한 운명이어서 그 사이에 인력으로는 어찌할 수 없는 것이 아니겠습니까. 아, 슬픕니다.

선생의 모습을 영원히 볼 수 없게 되고 살았던 자취도 이미 희미해져, 3천 3백 조항의 예의와 대경대법大經大法의 심오한 학통이 끊어져서 아득하기만 하여 학업을 마칠 기약이 없습니다. 오직 남기신 책을 끌어안고 남기신 가르침을 받들어, 젊어서 이루지 못한 공부를 말년에 이루어서 지난날의 잘못에 대해 속죄하는 길만이 있을 뿐입니다. 만약 영령이 계신다면 반드시 저승에서 도와주실 것으로 믿습니다. 올리는 말씀은 이만 마치지만 선생에 대한 정은 다함이 없습니다. 한 잔 술로 영원한 이별을 고합니다. 아, 슬픕니다. 흠향하소서.

이 글은 저자 나이 28세인 1633년, 6월에 장인 우복 정경세가 별세한 후 같은 해 8월에 지어 올린 제문이다. 이 글에는 정경세의 죽음을 국가와 유학의 커다란 손실로 느끼는 슬퍼하는 마음뿐 아니라 사위로서 품어 온 사랑과 존경 또한 잘 드러나 있다. 특히 정경세가 자신의 유고를 정리하는 일과 당시 16세인 손사 정도응鄭道應 1618~1667의 교육을 부탁한 유언의 말을 하나하나 구체적으로 되새기고 있다. 뒤에 정도응이 정경세의 문집을 편찬할 때 저자에게 편차와 목록을 보이고 의견을 구하였는데, 이때 정도응에게 전한 송준길의 의견이 대부분 반영된 것으로 보인다. 제2장 「장인 정경세의 문집을 정리하려면」에서 확인할 수 있다.

정경세는 송준길에게 장인이기에 앞서 학문의 훌륭한 스승이기도 하였다. 정경세의 가르침은 송준길 평생의 지남指南으로 작용하였다. 퇴계와 율곡을 숭상한 것에도 정경세의 인도가 있었고, 평생 주자의 문헌을 읽고 연구하며 아울러 경연에서 임금에게 진강하게 된 것도 정경세의 영향이었다고 볼 수 있다.

아래는 1630년에 정경세가 송준길에게 보낸 몇 통의 편지이다. 이 해는 송준길이 처음 익위사 세마에 제수되었지만, 관직에 나가지 않고 송시열과 함께 사계 김장생의 문하에서 한창 공부할 때이다. 당시 송준길의 공부와 진로에 대해 정경세가 어떤 생각을 가지고 있었는지, 또 장인과 사위 사이를 넘어선 두 사람의 관계가 어떠하였는지를 보여 준다. 송준길이 제문에서 말하고 있는 내용을 이해하는 데 도움이 되겠기에 함께 소개한다. 이 편지들은 『우복집』에 실려 있다.

편지를 보내와서 식구들이 모두 편안하게 지낸다는 것을 알았네. 위로되는 마음을 금치 못하겠네. 신정이 되었으니 더욱더 많은 복을 받을 것으로 생각되네. 나는 요행히 죽지 않고서 다시 신년을 맞이하게 되었네만, 늙은 말인 주제에 어린 망아지와 같이 굴고 있으니, 뒷날에는 어떻게 될지 모르겠네.
조용히 앉아 책을 보는 것도 매우 좋은 일인데, 더구나 도가 있는 분께 나아가 공부하고 있으니 그대의 진보를 또 어찌 헤아릴 수 있겠는가. 아주 기쁘다네. 『주자서절요』와 『근사록近思錄』은 과연 두세 질이 있으니, 사람을 보내어 가져가 숙독하겠다면 비록 책을 묶은 가죽 끈이 끊어지더라도 괜찮고말고.

아직 연산蓮山에 있으면서 돌아오지 않았는가? 얻은 바가 더욱더 많아졌을 것으로 생각되기에 매우 기쁘네. 예문禮文은 참으로 널리 상고하고 자세히 연구해 보는 것이 마땅하네. 그러나 심성心性 상의 공부는 더욱이 안으로 향해 가는 긴요한 일이니, 염계濂溪 주돈이周敦頤와 정자程子의 여러 서책을 충분히 읽어야만 하네. 그중에서도 『주자서절요』는 특히 책상 위에 항상 펼쳐 두고 읽어야만 하네. 나는 늙고 병들어 겨우 형체만 보존하고 있는 처지라 사랑하는 사람을 위해 말해 줄 만한 것이 없으니, 몹시도 부끄럽네. 그러나 어쩌겠는가.

자네가 서책에 맛을 들여 본래 외물에 아무 뜻이 없음을 안 지 오래되었으나, 지난번에 관직에 제수하는 명을 받은 것은 뜻밖의 일로 관직에 나아가야 하는 게 아닌가 싶어 며칠 동안 오기를 기다리고 있었네. 그러다가 편지를 받고서 말한 뜻을 자세하게 살펴보니, 참으로 '금의 무게를 다는 미세한 저울로 정확하게 달아 낸다.'라는 것일세그려. 매우 기쁘네.

호인胡寅이 "자신의 출처에 대해서 다른 사람에게 물어서는 안 된다."라고 하였는데, 이는 다른 사람을 위해 충고해 주는 자는 항상 차선의 의리를 말해 주기 때문일세. 편지를 보니 혹자의 의론 역시 참으로 이치가 있는 말이기는 하지만, 자네가 스스로 헤아린 것과 비교해 보면 다소 수준이 낮은 의견임을 면치 못하네. 듣건대 사계 어른께서도 가지 않더라도 무방하다고 하셨다는데, 이는 자네를 위해서 충심으로 충고해 주신 것일세.

이제부터 문을 닫고 단정한 자세로 앉아 성현의 서책에 침잠하여 반복해서 연구한다면, 자네의 진보를 어찌 이루 헤아릴 수 있겠는가. 별지에서 물은 것을 보니 근일에 터득한 바가 아주 많음을 알겠네. 이 때문에 더욱더 젊은 나이에 벼슬길에 나아가지 않았으면 하는 것이라네.

별지에 대해서는 각 조목 아래에 대략 주註를 붙였는데, 과연 잘못된 곳이나 없는지 모르겠네. 사계 어른이 보낸 편지에서 내가 자네에게 벼슬길에 나가라고 권하였다고 몹시 준엄하게 힐책하였더군. 이는 참으로 훌륭한 뜻이니, 매우 존경스럽다네. 그러나 나의 본뜻에 대해서는 자못 서로 간에 제대로 살피지 못한 듯하네. 지금 답서를 쓰기는 하나 역시 내 스스로 해명하고 싶지는 않다네. 자네가 그것을 알아주기만을 바랄 뿐이네. 더욱 힘써서 그 어른의 뜻에 부응하기 바라네.

어린 딸의 무덤에

殤女壙記

은진 송씨恩津宋氏 집안의 송준길에게 정일靜一이라는 딸이 있었다. 어려서부터 명민하고 영특해서 서너 살에 벌써 말하는 것이 어른스러웠다.

하루는 그 아비가 『천자문』을 펴놓고서 시험 삼아 "이 글자는 무슨 뜻이냐? 이 글자는 뭐라고 읽느냐?"라고 물었다. 말이 떨어지기가 무섭게 서슴없이 대답하였는데, 꼭 맞지는 않았지만 크게 틀리지도 않아서 아비는 기특하게 여겼다. 그러나 글은 여자가 할 일이 아니라 다시 더 가르치지 않고, 오직 순종의 도리만 자세히 일러 줄 뿐이었다.

언젠가 한번은 고기를 먹다가 "너희들은 이렇게 맛난 음식을 먹으며 자라다가 부모가 죽으면 어찌하겠느냐?"라고 하자, 곧바로 슬픈 얼굴을 하고서 "아버지께서는 어찌하여 저희에게 이런 말씀을 하십니까?"라고 하였다. 아이의 슬기로움이 이와 같았다. 조금 자라서는 길쌈이나 바느질 등 아녀자의 일 중에 작은 일들을 직접 해서 도움이 많이 되었다.

그 어미는 바로 진주 정씨로 우복 정경세 선생의 막내딸이다. 우복 선생은 이조 판서로 벼슬에서 물러나, 상주의 매호梅湖에서 별세하였다. 우복 선생의 소상小祥 때 어미가 아이들을 데리고 매호에 갔는데, 간 지 3일 만에 정일에게 갑자기 병이 생겨 증상이 매우 심각하였다.

병이 위독해지자 제 어린 동생을 품에 안게 해 달라고 하더니 어루만지며 바라보았다. 또 마치 영원한 이별을 고하듯 아비의 갓끈을 잡았다. 그러더니만 얼마 있다가 죽고 말았다. 아, 가여워라.

자식이 화를 면하지 못하는 것은 부모의 죄이다. 혹시 더운 날씨에 가마를 타고 먼 길을 달려간 탓일까? 의원이 치료할 처방을 몰라서였을까? 그래서 비명에 일찍 죽은 것인가?

정자께서 단랑澶娘의 죽음을 슬퍼하시며 "사람이 해야 할 도리를 다하지 못하고서 어찌 감히 하늘을 책망하겠는가."라고 말씀하셨는데, 나 또한 그러한 것인가? 아, 운명이로다.

송준길의 딸 송정일은 1627년 3월 18일에 태어나 1634년 6월 7일에 죽었는데, 송준길의 나이 29세였다. 당시 송준길은 고향 송촌宋村으로 돌아와 지내고 있었는데, 식구들을 데리고 매호에 간 것은 1633년에 별세한 장인 정경세의 소상을 지내기 위해서였다. 송준길은 1636년에 다시 어린 아들을 잃는다.

제2장

자신의 뜻을 지킨 '정正'

30 ~ 43세 · 이 기간에 송준길은 익위사 시직, 예산 현감, 한성부 판관 등에 제수되었지만 직책에 나아가지 않았다. 또 여러 차례 사헌부 지평에 제수되었는데, 번번이 사직을 청하였다. 그러던 중 소현세자가 죽자, 곧바로 상소하여 원자의 자리를 서둘러 정하고 청음 김상헌을 스승으로 삼을 것을 아뢰었다. 그러나 이미 효종을 세자로 정할 마음을 굳힌 인조는 불편한 심기를 나타냈고, 이후로 효종이 즉위할 때까지 어떠한 벼슬에도 제수되지 못한다.

서른 살의 다짐을 달력에 쓰다
乙亥正月初三日曆書題辭

올해 내 나이 벌써 서른. 학문도 진전이 없고 덕도 증진되지 않았건만, 병은 날로 깊어지고 아직 낡은 습관에서 벗어나지 못하고 있다. 이러면 안 되겠다는 생각에 애써 분발할 때도 있지만, 한때의 의기意氣는 쉽사리 사라져 버리고 마음을 쓰는 사이 은밀한 순간에 잘못과 후회만 날마다 쌓여 간다.

"어제 한 일을 오늘 고치기 어려워하고, 아침에 그 행실을 후회하고서 저녁이면 또다시 하고 있다."

율곡 선생의 이 말씀은 참으로 나를 두고 하신 것이구나. 기질이 경박하고 나약한 데다 공부가 독실하지 못해서 그런 것이리라. 오늘부터 고치기를 바라는 마음에 이 글을 써서 스승으로 삼는다. 아침에 일어나 느낀 점이 있어 쓴다.

"어제 한 일을 오늘 고치기 어려워하고, 아침에 그 행실을 후회하고서 저녁이면 또다시 하고 있다."라는 율곡의 말씀은 『격몽요결擊蒙要訣』「혁구습革舊習」 장에 나오는 구절로, 잘못된 낡은 습관이 세운 뜻을 견고하게 하지 못하고 행실도 독실하지 못하게 하는 주된 이유라고 보고 이를 통렬히 끊어 내야 함을 강조한 글이다.

평소 율곡을 깊이 흠모하고 그 글을 자세히 읽은 터라, 자신을 반성하고 새롭게 함에 율곡의 글귀를 떠올리고 아울러 손수 적어 벽에 걸어 두기까지 한다.

제자 황세정黃世楨의 기록에 따르면, 송준길은 율곡의 『격몽요결』 중에 있는 격언 수십 조항을 써서 자리 옆에 붙여 놓고 항상 눈길을 주었다고 한다. 또한 『격몽요결』 가운데 「독서차제讀書次第」를 학자들이 수용할 중요한 법으로 여겨, 학생을 가르칠 때도 그것을 모범으로 따랐다고 한다. 이를 통해 『소학』에서 시작하여 『대학』, 『논어』, 『중용』을 거쳐 『시경』, 『예경』, 『서경』, 『역경』, 『춘추』에 이르는, 송준길의 독서 순서도 아울러 살펴볼 수 있다.

학문의 원칙과 자세

答鄭景式景華

며칠 전 인편으로 두 분 형의 편지를 받아 보았습니다. 제게 주신 말씀과 뜻이 간절하고 위로와 가르침도 지극함을 잘 살펴 알았습니다. 어리석고 부족한 제가 어떻게 우리 형들에게 이런 대우를 받을 수 있는지 모르겠습니다. 감사하면서도 부끄럽습니다.

유 지평柳持平의 부음訃音은 저를 놀랍고 슬프게 하였습니다. 이런 사람이 여기에서 끝나고 말았으니, 어찌 슬프고 안타깝지 않겠습니까.

지난번 편지의 말씀에서 저를 아껴 주시는 마음을 가득 받았습니다. 그러나 이 일은 곡절이 많아 우선 한두 가지를 말씀드려 우리 형들이 분명히 알게 해야 합니다.

말씀하신 대로 제가 돌아가신 스승을 위해 쓴 제문祭文에 "퇴계退溪를 버리고 율곡栗谷을 취하였다."라는 말이 있긴 합니다. 그러나 그 말에 앞서 "이기理氣를 논함에는"이라고 하였으니, 어찌 스승의 전체를 들어 말한 것이겠습니까. 그런데 지금 위의 말은 잘라 버리고 아래 말만 달랑 남겨 두셨으니,

너무 놀랍습니다. 아무리 많은 말을 하신대도 어찌 저를 꾸짖겠습니까. 만일 그 글 전체를 두고서도 하실 말씀이 있다면, 아마 공평한 마음과 냉정한 태도로 의리를 강론한 옛사람의 도리는 아닐 듯합니다.

퇴계 선생께서 사단 칠정四端七情에 대해, 사단은 '이理'가 발하여 '기氣'가 따르는 것이고 칠정은 '기'가 발하여 '이'가 타는 것이라고 말씀하셨고, 이에 대해 율곡 선생께서 무려 수백 자가 넘게 매우 자세히 변론하셨습니다. 글의 대의는 이렇습니다.

"발하는 것은 '기'이고, 발하게 하는 것은 '이'이다. '기'가 아니면 발할 수 없고, '이'가 아니면 발하게 하는 것이 없다. 이른바 '기가 발하여 이가 탄다.'라는 것은 칠정만 그러할 뿐 아니라 사단 역시 그렇다."

스승께서는 항상 율곡의 설을 따르셨습니다. 스승의 견해만 그런 것이 아니라 장인어른의 견해도 그러했습니다.

제가 물은 적이 있습니다. "퇴계와 율곡께서 '이기理氣'를 논하신 말씀이 같지 않으니 후학들은 누구를 따라야 할지요?"라고 하자, 대답해 주시기를 "율곡의 설이 옳은 듯하이. 자기 몸에 한번 시험해 보시게. 가묘家廟에 들어가면 마음이 숙연해지는데, 이는 '경敬'이 발한 것일세. 그리고 그 숙연함 자체가 바로 '기'라네."라고 하셨습니다. 스승의 말씀이 아직

도 귀에 쟁쟁합니다. 그런데도 형들께서 제 말을 믿을 수 없다 해서 지난해 구의柩衣에 관해 논하실 때처럼 먼저 주장부터 하실까 두렵습니다.

옛사람이 "죽은 이가 다시 살아와도 산 이가 부끄럽지 않다."라고 했는데, 그저 이 말로 스스로 위안을 삼고자 하니 더 무슨 말을 하겠습니까.

만약 "그의 논설을 따르지 않는 것은 그 사람을 존경하지 않기 때문이다."라고 하신다면, 전혀 그렇지 않습니다. 정자께서 어찌 맹자孟子를 존경하지 않았겠습니까. 그럼에도 성性을 논한 맹자의 말에 대해 정자는 완전하지 못하다고 여겨 기질설氣質說을 더 말하였습니다. 주자朱子께서 어찌 정자를 존경하지 않았겠습니까. 그런데도 경전經傳의 문의文義에 대해 정자의 설을 따르지 않은 곳이 수없이 많습니다. 그중에 큰 것으로 말하면 『대학大學』 10장을 정자가 이미 분류해 놓았는데, 주자는 의미가 부족하다 하여 정자의 분류를 버리고 구설을 따랐으며, 정자가 이미 『역전易傳』을 지었는데도 주자는 다시 『본의本義』를 지어 뜻을 밝혔습니다. 횡거橫渠 장재張載의 글 『정몽正蒙』에 대해서도 주자는 문제점이 많다고 직설적으로 말했습니다.

정자와 주자께서 이렇게 하신 것이 어찌 전현前賢보다 훌륭해지기를 추구해서였겠습니까. 진실로 천하의 의리는 무궁하고 한 사람의 정력은 유한하니, 성인이 아니고서야 어찌 모든 사물을 일일이 다 연구하고 하는 말마다 모두 맞을 수 있겠느냐는 뜻에서였을 것입니다. 전현도 후현後賢에게 기대하는 바가 없을 수 없고, 후현도 전현에게 전적으로 기댈 수 없습니다. 그래서 상산象山 육구연陸九淵이 "말이 이치에 맞으면 비록 부인네와 어린애의 말이라고 해도 버리지 않을 것이 있고, 혹 이치에 어긋난다면 비록 옛 책에서 나온 말이라 해도 전부 다 믿어서는 안 된다."라고 말하였는데, 주자께서 이 말을 매우 옳게 여겨 속된 학자의 천견이 미칠 바가 아니라고 하였습니다. 더군다나 율곡의 이 논설은 백대 뒤에도 의심할 수 없다고 이를 만하지 않습니까. 퇴계 선생이 다시 살아오신다면 반드시 빙긋이 웃으실 테니 오늘의 이런 어지러운 논의가 더는 없을 것입니다.

아, 그 사람을 존경하는 것은 바로 그 도道를 존경하기 때문입니다. 도는 개인이 사유私有할 수 있는 것이 아닙니다. 이미 개인이 사유할 수 있는 것이 아니라면, 그와 나 사이에서 평론하고 증명하며 생각하고 확정해 가면서 버리기도 하고 취하기도 하며 따르기도 하고 어기기도 하면서 지극히 타당한 결론을 추구하는 것이 도를 더욱 빛내는 방법입니다. 이는 바로 천하의 공리公理이니, 무슨 혐의를 두겠습니까.

만일 '선유先儒의 논설을 후인들이 어찌 감히 취사선택하겠는가.'라고 한다면, 이는 초학자에게는 당연한 말이지만 후현의 경우에는 이 말과 같을 수 없습니다. 만일 이 말과 같이 한다면 후현은 크고 작은 것에 모두 제한을 받아 겉모양만을 모방하여, 결국에는 불명확하고 모호한 채 전현의 학설만을 두둔하고 전현의 학설에만 순종하게 되고 말 것입니다.

이는 바로 정자께서 이른바 "지난날 미처 하지 못한 것을 오늘 다시 할 수 없고, 전에 온당치 못한 것을 뒤에 바로잡을 수 없다."라는 것이니, 어찌 이런 이치가 있을 수 있습니까. 지나간 세대는 백세百世이지만 앞으로 올 세대는 만세萬世입니다. 반드시 그 시비를 가려 판단할 사람이 있을 것입니다.

그러나 제가 근심하는 것은 따로 있습니다. 세간에는 본래 각양각색의 근거 없는 논의들이 있기 마련입니다. 하지만 전하는 자가 잘못 전하고 듣는 자는 또 현혹되어서, 차분하게 말뜻의 소재所在를 따져 보지도 않고 대뜸 퇴계를 비난했다고 나무란다면, 허다한 갈등을 야기하게 될지도 모릅니다. 비록 나에게는 털끝만치도 부끄러울 것이 없다 하더라도 군자의 논쟁이 어찌 이와 같기를 바라겠습니까. 그러므로 이해하고 용서해 주시기를 두 형께 바랍니다. 강만헌康蔓獻 강교년康喬年도 이런 뜻을 몰라서는 안 될 것입니다. 어떻게 생각하십니까?

병으로 누워 있는 몸이라 사람을 시켜 대신 편지를 쓰게 하였습니다. 이만 줄입니다.

이 편지는 1635년에 정헌세鄭憲世와 정영세鄭榮世에게 보낸 답장이다. 송준길이 사계 김장생을 위해 쓴 「제사계문祭沙溪文」의 '퇴계를 버리고 율곡을 취하였다.舍陶取栗'라는 말에 대해 영남 지역의 사람들이 계속 문제 삼자 정헌세가 이에 관해 편지로 물었고, 이에 대해 답을 한 것이다.

이 편지에서 송준길은 "도는 공리公理이다. 어느 누구의 사유물이 아니다. 즉 어느 누구의 학설만이 오로지 도를 가지고 있다고 할 수 없다. 따라서 도를 추구하는 지식은 모두의 자유로운 권리이다."라고 주장한다. 이는 공리인 도를 사유하려고 편협한 주장을 시끄럽게 일으키는 것을 사욕으로 보고 공리인 도를 추구하기 위해서 자유롭게 토론하고 수정하는 것을 공의公義로 여긴, 송준길의 학문 태도라 할 수 있다.

공부를 접고 집으로 돌아가는 제자에게
書示李氏子德輝

나에게 찾아와 공부한 지가 거의 3년이나 되었으니, 너의 뜻이 매우 근면하구나. 그러나 내가 오랜 병으로 정력이 소진되어 나 자신을 돌보기에도 정신없다 보니, 너의 모범이 되지도 못하고 또 엄하게 가르치지도 못하였다. 너의 언행도 학업도 생활도 이전과 같아 사람들의 뜻에 부응하거나 남의 눈을 놀라게 할 만한 점이 없으니, 이것이 어찌 네 부모가 사랑하는 마음을 누르고 의리를 보여 천 리 멀리 나에게 보낸 뜻이겠느냐. 모두 내가 스승으로 변변치 못하여 잘 이끌지 못한 죄이니, 다시 무슨 말을 하겠느냐.

너의 자질이 본래 선善을 할 수 없는 것은 아니다. 그러나 어린 마음을 버리지 못하고 못된 버릇이 고질이 된 탓에, 어른 앞에서는 언행을 약간 삼가는 척하다가도 문을 나서면 이내 전혀 다른 사람이 된다. 그리고 부지런히 독서하지 않는 데다가 또 행동마저 단정하지 못하며, 실없는 말과 행동이 방자하고 경망하여 매양 동료들의 천시를 받으면서도 이래서는 안 되겠다는 각오로 마음을 고쳐먹고 분발할 줄 모른다. 그러하니 어찌 나 혼자만의 죄이겠느냐.

이제 네가 돌아가서 무슨 낯으로 네 부모를 뵙겠으며, 또 무슨 낯으로 마을 사람을 대하겠느냐. 나이가 16세가 되었는데 계속 이처럼 방종하게 지낸다면, 수년 뒤에는 틀림없이 시골의 평범한 사람이 되고 말 것이다. 그때 가서 아무리 후회한들 소용없을 것이다. 아, 그렇게 될까 두렵구나.

지금 황계黃溪에서 서당을 열고 경전을 강론하는 큰 스승이 있으니, 네가 만약 책을 싸 가지고 가서 식견을 넓힌다면 매우 좋겠다. 그러나 형편이 곤란하여 이렇게 하기가 쉽지 않으면 부디 황세정과 함께 책상을 맞대어 학문을 익히고 연마하거라. 『소학』을 가지고 날마다 수십 줄씩 익히고 한 글자, 한 글귀마다 모두 실천하기를 구하여라. 그런 다음 『논어』를 공부하되 날마다 오륙십 줄씩 외고, 여력이 있거든 또 『맹자』를 익히거라. 이 책들을 돌려 가며 숙독해서 마치 자신의 말처럼 외도록 하여라. 입으로 읽을 뿐만 아니라 반드시 마음으로 체득하고, 마음으로 체득할 뿐만 아니라 반드시 힘써 행하여, 반드시 기질을 변화시키기를 목표로 삼거라. 그리하여 일상생활 사이에 말 한 마디, 행동 한 가지를 할 적마다 반드시 먼저 '이것이 과연 의리에 합당한가? 우리 아버지와 스승께서 들으면 무어라고 하실까?' 생각하여, 조심하고 경계해서 마음을 다잡아 매진하여라.

이렇게 하고서도 마음이 열리지 않고 학문과 행실이 진보되지 않아 선인善人이 되지 못한 사람은 고금에 일찍이 없었다. 부모도 그렇게 되기를 바라고 마을 사람들도 영광으로 여길 테니, 이렇게 실천해 나아간다면 앞으로 한없이 좋은 일이 있을 것이다. 무엇이 두려워서 하지 않는지를 모르겠구나.

아, 덧없는 세월은 나를 위해 기다려 주지 않고 한번 흘러가면 다시 돌아오지 않는단다. 나 역시 이 일에 뜻이 없지 않다만, 병 때문에 어찌해 볼 수가 없구나. 지금 이 글을 써서 너를 격려하면서 아울러 나 자신의 처지를 슬퍼한다.

저자 나이 33세인 1638년인조 16에 공부를 마치지 못하고 집으로 돌아가는 제자 이덕휘를 위해서 쓴 글이다. 이해 송준길이 고향으로 돌아오자 그의 학문에 대한 명성을 듣고 찾아오는 학생이 많았다. 이때는 병자호란을 겪은 후 많은 사대부가 시골에 묻혀 있었는데, 그들이 스승을 찾아 송준길을 찾아온 것이다.

신독재 김집은 자신의 문하생을 송준길에게 보내어 수학하게 하며 "정성을 다해 자세히 깨우쳐 주고 조용하게 성취시키는 것은 이만 한 사람이 없다."라고 말하였다. 송준길이 스승으로서 보여 준 면모를 알 수 있는 부분이다.

가르치던 학생이 발전 없이 돌아가는 상황에서도 끝까지 그가 돌아가면 어떻게 공부해야 할지 하나하나 정성스레 써 주었다. 그러는 한편 오랜 병으로 학문에 매진하지 못하는 자신의 상황을 슬퍼하는 말 속에서 학문에 대한 그의 간절한 마음을 읽을 수 있다.

귀양 가는 이를 위로하며

慰羅同知萬甲

준길은 머리 조아려 재배하고 말씀드립니다.

고금에 사변事變이 어찌 한정이 있겠습니까만 일찍이 오늘과 같은 적이 있었습니까. 두려움으로 마음이 안정되지 않습니다. 존형께서 거듭 상을 당하셨다는 기별을 들었는데 이어 영해嶺海로 귀양 보내는 명을 받았다는 소식을 들었습니다. 아, 국가의 불행이 끝내 이 지경에 이르렀으니, 아무리 하늘을 원망하지 않고 사람을 탓하지 않으려 해도 그럴 수 있겠습니까.

노년에 혹독한 벌을 받았으니 기력이 얼마나 남았겠습니까. 그런데 남쪽 지방으로 귀양을 가니 또 어떻게 견디시겠습니까.

저도 사변이 난 초기에 안음安陰으로 떠나갔다가 고향으로 돌아온 지 이제 겨우 십여 일이 되었습니다. 비록 저의 마음이 늘 존형을 염려하고 그리워하지 않은 적이 없지만, 궁벽한 산골에서 신병으로 편한 날이 없는 몸인 데야 어쩌겠습니까. 달려가 위문해야 하는 의리를 저버렸고, 또 안부를 묻는 예마저 제대로 행하지 못하였습니다. 옛사람이 천 리 길에 책상자를 지고 찾아간 것이 얼마나 큰 용기와 우정이었던가를 매양 생각하면서 남쪽을 향해 슬피 눈물만 흘릴 뿐이니, 옛사람에게 부끄러워 얼굴이 붉어집니다.

진보眞寶의 현령이 마침 일가 사람이기에 그에게 이 편지를 부쳐 존형께 전하도록 하여 지난날의 태만함을 사과드리고자 합니다. 그리고 슬픔을 억제하고 자신을 소중히 하여 효도를 잘 마칠 수 있게 하시고, 조심하고 깊이 생각하여 시련을 통해 더욱 훌륭하게 만들려는 하늘의 뜻에 부응하시기를 빕니다. 이것이 이 사람의 간절한 바람입니다.

나만갑은 병자호란 당시 남한산성에서 인조를 모시고 관향사管餉使로 공을 세웠지만, 1637년 11월에 병선兵船을 사려 했다는 죄를 쓰고 영해로 귀양을 가게 되었다. 이 편지와 다음의 편지는 모두 그 다음 해인 1638년 송준길이 33세 때에 유배 중인 나만갑에게 보낸 것이다.

송준길이 편지를 통해 모친상과 유배라는 불행이 동시에 닥쳐온 나만갑을 위로하고 있다. 직접 찾아가서 위로하지 못하는 자신을 자책하는 한편, 안부 편지조차 제대로 보내지 못한 자신의 무심함을 사과하면서, 유배지에서 잘 버텨 나가기를 당부하였다. '슬픔을 억제하고 자신을 소중히 하여 효도를 잘 마칠 수 있게 하시'라는 것은 모친상의 슬픔을 잘 이겨 내라는 뜻이고, '조심하고 깊이 생각하여 시련을 통해 더욱 훌륭하게 만들려는 하늘의 뜻에 부응하시'라는 것은 큰 인재일수록 하늘의 시련이 큰 법이니 미래를 잘 준비하라는 위로와 격려이다.

훗날 송준길이 나만갑의 아들 나명좌를 사위로 맞이함으로써 두 집안은 혼인 관계를 맺는다.

유배지의 벗이 책을 구한다기에
答羅同知

준길은 머리 조아려 재배하고 말씀드립니다.

하늘 끝, 땅 모퉁이에서 괴로이 서신마저 끊겼으니, 존형을 염려하는 마음이 어찌 보통 때에 비하겠습니까. 이번에 뜻밖에도 천 리 밖에서 보내신 편지를 받고 보니, 종이 위에 가득한 슬픔과 고통이 이 사람을 너무나 속상하게 하였습니다. 그러나 시운時運에 관계된 일이니 무어라 말하겠습니까.

편지를 주신 뒤 가을이 깊어졌는데, 이곳과 다른 영해 지방의 날씨에 몸을 조섭하여 잘 지내고 계시는지요? 그립고 사모하는 마음을 잠시도 놓지 못하고 있습니다.

저야 말할 것이 뭐 있겠습니까. 10년 동안 앓고 있는 병이 달이 가고 해가 갈수록 더욱 심해져서 정신과 육체가 이미 이 세상 사람이 아니니, 이런 형편으로 감히 서책을 읽고 재능을 향상하기를 바랄 수 있겠습니까. 주신 편지 속에 저를 장려하신 뜻을 감히 받들 수 없는 것이 부끄러울 뿐입니다. "날씨가 이 지경이어서 농사가 크게 흉년이 들 것이니, 앞으로 어느 구렁에 엎어져 죽을지 알 수 없다. 황천黃泉에 가서나 다시 만나자."라는 말씀에는 탄식을 견딜 수 없습니다. 이 또한 운명에 맡길 뿐입니다.

부모상을 치르다 몸이 상해 병이 나지 않도록 하는 것은 성인께서 경계하신 일이고, 곤궁에 처해서도 편안하게 지내는 일은 군자가 힘써야 할 바임을 거듭 생각하십시오. 부디 천금 같은 몸을 잘 보호하여 더욱 대업을 궁구하시기를 빕니다.

수몽守夢 어른*의 『근사록석의近思錄釋疑』는 항상 애지중지하는 책인데, 근년에 베껴 쓰기 시작했으나 아직 끝내지 못한 채 병으로 중지하고 말았습니다. 지금 매양 이 일을 끝내고자 하지만 뜻 맞는 사람을 얻기 어려우니, 마음만 있을 뿐 뜻을 이루지 못하고 있습니다. 듣자니 영동永同 현감이 벌써 김형의 소장본을 빌려다가 한 벌을 베꼈다고 하니, 널리 유포할 수 있게 되어 기쁩니다.

수몽 어른께서 사서四書와 육경六經의 소주小註에까지 모두 현토懸吐했다고 들은 적이 있어 항상 이 책을 구해다가 베끼고자 했지만 아직 뜻을 이루지 못했습니다. 이 책 역시 전쟁통에 없어지지나 않았는지요? 없어졌다면 매우 애석한 일입니다. 『주서기의朱書記疑』는 한 질을 갖고 있어서 저도 병중에 이 책을 벗 삼아 지내고 있습니다. 멀리 보내 드릴 길이 없

* 수몽守夢 어른 : 정엽鄭曄 1563~1625으로, 나만갑의 장인이다.

으니, 성대한 뜻을 저버릴 수밖에 없는 점을 반드시 너그러이 용서하실 줄로 생각합니다. 이만 줄입니다.

첫 번째 편지에는 나만갑의 갑작스러운 유배 소식에 슬퍼하고 놀란 마음이 표현되어 있지만, 이 두 번째 편지에서는 절반 이상이 서책을 베껴 쓰다가 중단한 이야기와 있는 책을 빌려주지 못하는 사정에 대해 언급하고 있다.

『근사록석의』나 『주서기의』는 모두 주자의 저작에 관한 주석서로, 『근사록석의』는 나만갑의 장인 정엽鄭曄이, 『주서기의』는 퇴계 이황과 그 제자들이 저술한 것이다. 당시 송준길과 교유하던 학자 관료들이 모두 주자 저술에 대한 선배 학자들의 주석서를 적극적으로 구하고 베껴 소장하면서 중요하게 공부하고 있었다는 것을 알 수 있다.

멀리 유배를 간 벗에게 구하고 싶은 서책에 관해 이야기하는 송준길과 유배지에서도 멀리 있는 친구에게 서책을 구하는 나만갑, 두 사람 모두 현실이 안겨 준 비탄과 고난을 공부를 통해 견뎌 나가려 하였다. 이런 모습은 흔히 조선 시대 선비들의 삶에서 칭송되는 태도이기도 하다.

유배지에서 올바르게 처신하길

與金由善慶餘

밤사이 잘 조섭하고서 형과 이별의 자리를 가지고픈 바람을 꼭 이루고자 하였으나, 마침 멀리서 손님이 찾아온 데다 또 말을 많이 한 탓에 아침에 일어나니 어지럼증이 더 심해져 억지로 일어났다가 도로 주저앉고 말았습니다. 멀리서 떠나는 행차를 바라보며 슬피 눈물만 흘렸습니다. 이렇게 될 줄을 진작 알았더라면 미리 쌍청당雙淸堂으로 가서 하룻밤을 함께 지내며 이야기를 나누었을 텐데, 아쉽기 그지없습니다.

영해 밖이라 해서 굳이 죽은 사람처럼 지낼 것 없으니, 가슴속에 즐거움이 있다면 어느 곳인들 한가로이 지내지 못하겠습니까. 그러니 조심하고 깊이 생각하며 뜻을 가다듬어 훗날을 도모하시어, 하늘이 귀하게 쓰기 위해 단련시키는 뜻에 부응하신다면 참으로 다행이겠습니다.

전에 주자朱子의 글을 보니 귀양 가는 사람을 전송한 시에 "사람 만나거든 입을 단단히 닫고, 머리 빗어 모양내는 짓일랑 하지 마소.逢人深閉口 無事學梳頭"라는 구절이 있었는데, 깊이 음미해 보시면 의미가 있을 것입니다. 그리고 또 술을 적당히 마시고 주고받는 것을 삼가시기 바랍니다. 세상 사람들이 "이름 높은 관리가 귀양 가는 것은 부자가 되는 길이다."라고 하는데 이는 매우 부끄러운 말입니다. 형께서는 괴로운 처지에서도 지조를 굳게 지키는 일에 더욱 힘쓰십시오. 사람들이 "아무개는 귀양살이가 견디기 어려울 정도로 가난하니, 지금 세상의 이름 높은 관리가 아니다."라고 칭찬하게 하신다면, 벗인 저에게도 영광이겠습니다. 직접 만났다 하더라도 제가 드릴 말씀은 이에 지나지 않을 것입니다.

다만 내일 아침에 한번 떠나시고 나면 서로 천 리나 떨어지게 될 것인데, 제가 오랜 병에 쇠잔한 몸으로 아침저녁으로 죽을 날만 기다리는 처지라 맑은 형의 모습을 다시는 볼 수 없을 듯하니, 이별 앞에 서글퍼하는 아녀자의 심정을 면할 수 없습니다. 다 쓰지 못한 많은 말들은 마음속으로 헤아려 주시기 바랍니다.

이 편지와 다음 편지는 1638년에 유배를 떠나는 김경여金慶餘 1596~1653에게 보낸 것이다. 김경여는 금교金郊 찰방에 제수되었는데, 노모가 계시다는 이유로 사직을 청하자 불사율不仕律이라는 법을 적용하여 금교에 유배되었다. 이때 그는 노모를 모시고 귀양길을 떠났다. 금교는 청나라 심양으로 가는 길목에 위치해 청나라 사신을 영접하고 전송하는 곳이었다. 김경여의 연보에 따르면 그가 이곳의 찰방으로 임명된 데에는 속사정이 있었던 듯하다. 김경여가 전년에 심양 서장관에 임명되었는데 병을 핑계로 그만두자, 당시 재상이 이를 탐탁지 않게 여겨 그가 오랑캐에게 절하는 것을 보려고 일부러 이 직책에 올렸다고 기록되어 있다. 결국 김경여가 서장관 직임을 받아들이지 않자 불사율을 만들어서 금교에 유배를 보낸 것이다.

유배되는 자에게는 불행일 수밖에 없지만, 이를 위로하는 데 그치지 않고 올바르게 처신할 것을 당부하는 내용이 인상적이다. 주자의 시구인 "사람 만나거든 입을 단단히 닫고, 머리 빗어 모양내는 짓일랑 하지 마소."를 전하는 마음에서 잘 드러나듯이, 말조심을 하지 못하거나 죄인임에도 그 행색과 생활이 부유한 사람처럼 보여 또 다른 구설에 올라서도 안 된다고 당부한다. 그뿐만 아니라, 유배에서 풀려나 높은 관직에 복귀할 것으로 보이는 사람이면 주위에서 좋은 관계를 맺고 싶어 하므로 자칫 부정한 거래가 생겨날 수 있다는 점도 환기하고 있다.

유배지의 벗에게 전하는 소식
答金由善

형께서 귀양길을 떠나시기 전에는 귀양을 보내라는 명이 도로 거두어들여지길 바랐고, 떠나신 뒤에도 귀양살이에서 돌려보내라는 명이 내리기를 바랐습니다만, 이제는 모든 희망이 다 끊어졌습니다. 옛날 열사烈士가 이런 경우를 당했다면 오래전에 자결自決하였을 것입니다. 참으로 괴로운 일입니다.

오늘 12일에 주신 서찰을 받고서 먼 길에 노모를 모시고 가는 노정이 만복하심을 살피고 마음이 위로되고 나니, 비분강개한 마음이 더욱 간절해졌습니다.

서신을 주신 이후의 상황은 어떠한지요? 벌써 그곳에 자리를 잡고 편안하게 계신가요? 염려되는 마음, 잠시도 놓이지 않습니다.

우리는 이미 좋은 때를 만나지 못했으니, 삶과 죽음은 모두 하늘에 맡기고 오직 우리가 당연히 할 일만 하면 된다고 생각합니다. 정자는 부주涪州의 귀양살이에서 돌아왔을 때, 풍모와 수염이며 머리카락이 모두 지난날보다 건강하였습니다. 문인이 그 까닭을 묻자, 정자께서 "학문의 힘이다."라고 대답하였습니다. 송강松江 정철鄭澈은 강계江界로 귀양 갔을 때 울타리로 둘러친 나무의 껍질을 벗겨 하얗게 만들어서 그 위에 『대학』의 소주小註를 외워 썼습니다. 이 노인이 학문에 전념한 분은 아니었지만 곤궁에 처해서도 이처럼 태평하였으니, 이 또한 보통 사람이 미칠 수 있는 바가 아닙니다. 간절히 바라니, 형께서 멀게는 정자를 스승으로 삼고 가깝게는 송강을 본받아 뒷날 사업에 발휘하는 바탕으로 삼으신다면 천만다행이겠습니다.

영보英甫 송시열가 보내온 편지에 "형이 타신 가마를 메고자 해도 멜 수가 없게 되었다."라고 하더군요. 이 또한 쇠퇴한 세상을 한탄한 뜻이니, 슬플 뿐입니다.

아드님이 저에게 와서 지낸 지가 겨우 열흘 남짓 되었습니다. 살펴보니 사람은 이미 다 자랐으나 학업이 아직 이루어지지 않았기에, 매양 그에게 "이는 너의 허물이 아니라 바로 네 아버지의 죄가 된단다."라고 하였더니 매우 괴로워하였습니다. 그래서 공부할 양을 일정하게 정해 놓고 엄하게 독려하였더니 진보가 있는 듯하였는데, 벌써 며칠 전에 떠났으니 매우 한탄스럽습니다. 나이가 이미 많은데도 뜻이 전일하지 못하니, 지금 이 시기를 놓치고 학문에 힘쓰지 않는다면 앞으로 가망이 없을 것 같아, 이곳에 머무르게 하여 마음을 다해 학업을 권면하고자 하였습니다. 그러나 멀리 귀양 가 있는 어버이와 어찌 오랫동안 헤어져 지낼 수가 있겠습니까. 지금 형께서 조용히 지내고 있어서 반드시 그를 채찍질해 독려하실 테니, 이전과는 같지 않을 것입니다.

죽창 이시직 형의 부인마저 또 전염병으로 돌아가셨습니다. 하늘이 착한 이를 돕지 않는 것이 끝내 이 지경에 이르렀으니, 아무리 하늘을 원망하지 않으려 해도 원망하지 않을 수 있겠습니까. 양친의 상중에 있는 자식들의 생활이 곤란한 형편이기에 권도權道에 따라 살길을 찾도록 간절히 권하였는데, 지금 그들은 사찰에 가 있습니다. 그들의 사정을 생각하면 오장五臟이 찢어집니다. 형께서도 이 말을 들으면 분명 몹시 슬퍼하실 것입니다. 붓으로는 많은 생각을 다 쓸 수 없으니 모두 마음속으로 이해하시기 바랍니다.

이 편지에는 송나라의 정자와 조선의 정철을 예로 들면서 유배지에서 공부에 깊이 전념하기를 당부하는 내용과 송준길에게 와서 배우다가 떠나간 김경여의 아들에 대한 언급이 담겨 있다.

이어 이시직의 부인이 죽었다는 소식을 전하고 있다. 1636년 병자호란 당시 이시직이 강화도에서 자결하고 이어 1638년에 그의 부인까지 병으로 죽게 되자, 그의 가족들은 생활이 곤궁해져 절에서 신세를 지고 있었다. 이시직은 자결하기에 앞서 유언을 남기며, "명보明甫 송준길가 예전에 나에게 벼슬을 버리고 돌아오라고 권했을 때 나도 그럴 생각이 있었지만 선뜻 결정하지 못했다. 그러다가 결국 이런 지경에 이르렀으니 다시 말해 무엇하겠는가. 이제 다시는 그를 만날 수 없으니, 이런 나의 마음을 꼭 전해 다오."라고 하였다. 송준길은 뒤에 이시직의 행장을 정리하였다.

사직하는 사정을 아뢰고 아울러 품고 있는 생각을 진달하는 상소
陳情辭職兼陳所懷疏

조봉대부 행 사헌부 지평 신 송준길은 너무나 황공하여 머리를 조아려 백 번 절하고 주상 전하께 말씀드립니다.

신이 이달 초하루에 세자 저하께서 갑자기 훙서하셨다는 소식을 듣고 놀라 부르짖으며 너무나 애통하여 마음을 진정할 수 없었습니다. 또 초사흘에 우승지가 4월 27일에 성첩成貼해서 올린 서장을 받았습니다. 신을 사헌부 지평으로 삼는다는 내용과 동시에 신을 빨리 올라오도록 하라는 내용이었습니다. 신은 북쪽을 향해 절하고 이를 받들고서는 황공하고 놀라워 몸 둘 바를 몰랐습니다.

스스로 생각건대, 신은 초야의 천한 백성으로 불초하기 짝이 없습니다. 젊었을 적에는 과거 공부를 하였으나 재주가 둔하여 뜻을 이루지 못하였고, 중년에는 병이 들어 백방으로 치료해 보았으나 아무런 효과가 없었습니다. 몸이 마르고 기력이 쇠하여 잠시도 몸을 보전할 수 없을 것 같은데, 무슨 정력이 있어서 학문을 추구하고 덕을 진전시키는 공부를 할 수가 있었겠습니까.

그런데 실상은 따져 보지도 않고 한갓 허명虛名만을 취하는 세상 사람들은 재주가 없어서 과거를 포기한 것을 보고는 혹 학문에 전념하려는 뜻을 가진 것이 아닌가 의심해 버리고, 고질병 때문에 틀어박혀 있는 것을 보고는 혹 명리名利를 탐하지 않고 고요히 심성心性을 수양하는 절조를 가졌다고 의심하기에 이르러, 차례로 천거해서 성상의 판단을 그르치게 만들었습니다. 6품으로 올려 제수하신 은명도 이미 분수에 매우 넘치는 일인데, 더구나 이번에 헌직憲職으로 은총을 내려 끊임없이 불러 주시니, 신이 어찌 꿈엔들 생각했겠습니까.

신의 낭패스러움은 딱할 것이 없습니다마는, 사방에서 이 소식을 듣고 조정의 거조擧措를 어떻게 생각하겠습니까. 신은 진실로 부끄럽고 두려워서 감히 이 은명을 감당할 수 없습니다. 더욱이 병이 온몸을 속박하여 혼자의 힘으로 나아갈 수 없습니다. 그래서 전후로 여러 차례 은명을 받고도 어쩔 줄 몰라 하며 몸을 움츠린 채 엎드려 있었을 뿐, 한 번도 조정에 나아가 큰 은혜에 사례하지 못하였습니다.

세자께서 막 세상을 떠나 온 나라가 모두 비통해하고 있는 이때, 편찮으신 옥체玉體가 아직 회복되지 않았을 터인데 이처럼 거듭된 슬픔을 당하셨으니 어찌 옥체가 더욱 손상되지 않았겠습니까. 신하의 도리로 볼 때 열 일을 제치고 달려가서 한시라도 빨리 위로의 말씀을 드리는 것이 마땅한데, 하물며 신은 이제 막 소명召命을 받았으니 어찌 잠시인들 지체할 수 있겠습니까. 그러므로 길에서 죽을 각오로 병든 몸을 일으켜 길을 떠났습니다만, 겨우 수십 리 못 가서 묵은 병이 더욱 심해졌을 뿐만 아니라 갑자기 적백리赤白痢* 증세까지 더해져 자지도 먹지도 못하다 보니 정신이 가물가물하여 거의 숨이 끊어질 것만 같았습니다. 한 걸음이라도 더 나아가고 싶었지만 달리 방법이 없어 멀리 대궐을 바라보며 하염없이 눈물만 흘렸습니다.

신과 같은 사람은 살아 있는 것이 도리어 오래전에 죽은 것만도 못합니다. 신이 만약 꾸며 낸 허튼소리로 전하를 속이는 것이라면 천지신명이 반드시 신을 죽일 것입니다. 삼가 바라건대, 성상께서는 신의 용렬함과 불초함을 살피고 신이 질병으로 강행하기 어려움을 가엾게 여기시어, 신의 직명을 벗기고 신을 사적仕籍에서 삭제해서 신으로 하여금 저의 어리석음과 분수를 온전하게 지키며 선산 밑에서 목숨을 마치게 하소서. 그리하여 주신다면 그것은 실로 천지 부모인 전하께서 시종 보살펴 양육하시는 은혜입니다.

신이 항상 마음속에 잊지 않고 있는 불안한 생각을 성상 앞에 한번 토로하지 않는다면, 이는 신이 성은의 만 분의 일

* 적백리赤白痢 : 점액질의 피똥을 누는 적리赤痢와 흰 곱똥을 누는 백리白痢가 한데 섞인 이질痢疾이다.

도 끝내 보답하지 못하는 것이니, 죽어 지하에 가서도 눈을 감지 못할 것입니다. 그러므로 신은 통곡하고 눈물을 흘리며 자세히 말씀드리고자 합니다.

아, 세자께서 어째서 이렇게 갑작스레 별세하셨단 말입니까. 이역에서 지내는 10년 동안 온갖 고난을 다 겪으시고, 먼 길에 풍상을 무릅쓰고 몸소 전쟁을 치르다 보니 안으로 피로가 쌓이고 밖으로 사기邪氣가 침투하여, 옛 궁으로 돌아온 지 얼마 되지 않아 한 가지 병이 빌미가 되어 끝내 세상을 떠나셨습니다. 비록 천명天命이라고는 하지만 인사人事가 빚은 점도 없지 않으니, 바로 이 점이 신하와 백성들로서 차마 말할 수 없는 비통이고, 원손에게는 만세토록 영원히 잊을 수 없는 끝없는 통한입니다. 전하께서 생각이 이에 미치면 또한 마음이 도대체 어떠하시겠습니까.

그러나 다행스럽게도 하늘이 우리나라를 돌보시는 덕분에, 동궁東宮은 비록 비었으나 종묘에 제사를 받들 주인이 계시어 아름다운 자질이 어려서부터 드러났고 아름다운 명성이 일찍부터 널리 퍼졌습니다. 억만년을 이어갈 기업基業의 중책이 이 원손에게 있고, 억만 신민의 소망이 이 원손에게 있습니다. 그러므로 어리석은 신은, 원손을 교육하고 양육하는 방법을 신중히 해야만 하며 원손을 보익輔翊할 사람을 잘 선택해야만 한다고 생각합니다.

신은 잘 모르겠습니다마는, 전하의 조정에 이 어린 원손을 부탁할 만한 사람이 누구입니까? 신은 초야에 있는 몸이라서 비록 감히 그럴 만한 사람을 일일이 지적할 수는 없습니다마는, 신이 듣기로는 큰일에 임하여 그 절개를 빼앗을 수 없는 사람이 군자라고 합니다. 전 판서 김상헌은 순정한 충성과 곧은 절개가 중국과 오랑캐를 감동시켰고,* 일세의 큰 기대를 지고서 온 나라 사람들의 존경을 받고 있습니다. 지난 역사에서 찾아보아도 이런 사람은 드뭅니다. 신의 어리석은 생각에는 원손을 보익할 사람을 고르고자 한다면 이 사람이 아니고는 달리 사람이 없으니, 입으로 이름을 말할 사람도 이 사람이고 마음속으로 믿는 사람도 이 사람입니다.

신이 소문을 듣건대, 김상헌이 전에 청나라에 잡혀가 있을 때 전하께서 극구 칭찬하셨기에, 그를 위해 주선하여 구제하는 자가 정성을 다하였고 온 나라 사람들이 모두 성대한 덕의를 우러러 감탄하며 눈물을 흘리는 자까지 있었다고 합니다. 그러므로 그가 살아 돌아온 뒤에는 모두들 의당 더욱 예우하고 은총으로 대우해서 사람들의 기대에 부응하고 세도에 보

* 전 판서……감동시켰고 : 김상헌의 자字는 숙도叔度이고, 호는 청음淸陰이다. 병자호란 때 예조 판서 겸 대제학으로 척화斥和를 주장했고, 1639년인조 17에 청나라가 명나라를 치기 위해 군사를 요청하자 이에 반대하는 소疏를 올린 죄로 청나라에 잡혀갔으나, 절개를 지켜 끝까지 청나라 황제 앞에 무릎을 꿇지 않아 사람들의 경탄을 받은 일을 이른다.

탬이 되도록 하시리라 여겼습니다. 그런데 그가 돌아와 집에 머문 지 열흘이 지났는데 아직까지 소명을 받지 못하였으니, 사방의 어진 사람들의 마음이 어찌 거듭 아쉬워하지 않겠습니까.

신이 듣건대, 천도天道는 순환하기를 좋아해서 강약의 형세를 타기 쉽고, 하늘에 국운의 영원함을 비는 것 또한 사람의 노력에 달려 있다고 합니다. 그런데 어찌 먼저 자강의 계책을 버리고 한갓 눈앞의 고식적인 계책만을 추구하면서, 하늘의 마음을 감동시켜 되돌리고 종묘사직을 굳건히 안정시킬 근본은 생각지 않으십니까. 신은 바라건대, 어서 빨리 예관에게 명하여 조기에 원손의 위호位號를 정하소서. 김상헌을 불러다가 빈사賓師의 직분에 앉히시는 한편, 당세의 나이가 많고 학덕이 높은 사람과 강직하고 방정한 사람을 널리 구하여 원손과 더불어 아침저녁으로 함께 지내게 해서, 좌우에서 보양하게 하기를 주자朱子가 송 효종宋孝宗에게 고한 법*과 같이 하소서. 그렇게 하신다면 단지 오늘날 근심하고 두려워하는 사람들의 마음이 저절로 안정될 뿐만 아니라, 후일에 대경대업大經大業을 세워서 지극한 통한을 조금이나마 풀고 종묘

* 주자朱子가……법 : 동궁에 사부師傅, 빈객賓客, 첨사詹事, 서자庶子, 찬선贊善, 장사長史 등의 관원을 모두 전임專任으로 정해 조정의 관직과 겸임시키지 않음으로써 오직 태자를 보도輔導하는 인에만 전념토록 하라는 내용을 이른다. 『주자대전』 「무신봉사戊申封事」에 보인다.

사직의 무궁한 복을 맞이하게 되는 것이 여기에서 근거하지 않을 줄을 또 어찌 알겠습니까.

그러나 염려되는 것은, 김상헌이 평소에 지조를 굳게 지켜 벼슬에 나아가 영달을 얻는 데에는 뜻이 없었기에 조정에 있는 날이 적고 초야에 있는 날이 많았습니다. 변란을 겪고부터는 필부로 지낼 뜻이 더욱 확고하니, 오늘날 어찌 기꺼이 나오려 하겠습니까. 그러나 나라의 근본인 세손을 보필하는 것은 실로 다른 직책에 비할 바가 아닙니다. 고상한 뜻을 가진 사호四皓도 오히려 여후呂后의 부름에 나왔는데,* 하물며 전하께서 정성을 다해 부르시고 예를 높여 대우하면서 사부師傅의 임무를 맡기어 끝까지 보필하게 하신다면야 김상헌이 무슨 말로 사양하겠습니까. 어리석은 신은 오늘날의 일에는 이보다 큰일이 없다고 생각합니다. 후략

이 상소는 1645년40세에 지평에 제수된 후 곧바로 사직을 청하기 위해 올린 것이다. 아울러 원손을 세자의 위치에 올리고 김상헌을 원손의 스승으로 삼을 것과 요망한 의원 이형익을 죽일 것, 그리고 예

* 고상한……나왔는데 : 사호四皓는 한漢나라 때 상산商山에 은거한 네 노인으로, 동원공東園公, 기리계綺里季, 하황공夏黃公, 녹리선생甪里先生이다. 한 고조가 태자를 바꾸려 하자, 장량張良의 건의에 따라 여후呂后가 사호를 불러들여 태자를 돕게 한 고사를 이른다. 『사기史記』「유후세가留侯世家」에 보인다.

관에게 명해 세자의 복제服制를 정할 것을 청하였다. 여기에서는 원손을 세자로 올리고 원손의 스승을 정하기를 청하는 첫 번째 내용만 소개한다.

송준길은 이 상소에서 소현세자의 아들을 세손으로 삼기를 청하였는데, 인조는 이미 효종을 세자로 세울 생각이었기 때문에 비답을 내리지 않고 체직만을 명하여 자신의 불편한 심기를 분명히 드러냈다. 주변 사람들 모두가 송준길이 위태롭게 될 것이라고 생각했고, 어울리던 사람들 중에는 식솔을 거느리고 멀리 피해 달아난 자까지 있었다.

송준길은 어떤 근심도 내비치지 않고 평상시처럼 평온하게 지냈지만, 이때부터 앞으로의 일에 대한 기대와 미련을 마음에서 모두 버렸다고 한다.

장인 정경세의 문집을 정리하려면

與鄭鳳輝

심장沈丈이 초록抄錄한 장인의 문집은 한결같이 합당하고 긴요한 것을 뽑는 데 주력하였으니 매우 좋네. 취사선택하는 사이에 반드시 모두 의도가 있을 것이네만, 다른 사람이 볼 때 무어라고 할지 모르겠네.

일찍이 창석蒼石 이준李埈이 논한 바를 듣건대 "우로愚老 정경세의 시詩는 모두 지어야 할 때만 지은 것이므로 버릴 것이 없다."라고 하였는데, 지금 버린 것이 매우 많으니 혹 별집別集을 만들어서 뒤에 간행함이 마땅하지 않겠는가. 오직 그대가 헤아려 조처하기에 달려 있을 뿐이네.

비갈碑碣 또한 문집에 넣기에 적당할 것 같네만, 「목릉천장지穆陵遷葬誌」는 조정의 큰 문자인데 수록하지 않은 것이 어떤지 모르겠으며, 또한 「신연申演의 묘지墓誌」도 평소 항상 도에 맞는 문장이라고 하셨는데 버린 것이 어떤지 모르겠네. 「송경조宋敬祚의 묘표墓表」는 심장이 초록하였는가? 「초유사招諭使 김성일金誠一에게 올린 계사啓辭」는 온 세상 사람이 전하며 외는 글이고 경오년 「회시 책제會試策題」는 심학心

學을 논한 것이 매우 정밀하니 한극술韓克述에게 물어보게나. 이 두 편의 문장은 수록하지 않아서는 안 될 것이네.

문집을 선록하는 방법은 혹은 문文, 혹은 의義, 혹은 사事를 아울러서 뽑아야 하고, 이 중에 하나라도 빠져서는 안 되네. 그러하니 주문奏文 두 편과 강왈광姜曰廣, 왕몽윤王夢尹 두 조사詔使에게 보낸 회첩回帖 및 함께 여행하며 지은 여러 율시律詩도 모두 초록해야만 할 듯하네. 그리고 검찰사檢察使와 호소사號召使로 계실 때 올린 장계狀啓 중에도 어찌 뽑을 만한 것이 없겠는가. 그러나 내 생각에는 다툼을 일으킬 만한 글은 모두 버리는 것이 좋을 듯하네.

우복 정경세의 손자 정도응은 송준길과 각별한 사이이다. 정경세는 젊은 사위에게 어린 손자를 특별히 돌봐 줄 것을 오래전에 부탁하였다. 1645년 정도응은 조부의 문집을 편찬하기 위해 초록한 것을 송준길에게 보내 의견을 물었다. 이 편지는 송준길이 문집 선록에 대한 세세한 의견을 보낸 것이다.

처음 『우복집』 원집의 산정刪定은 심용沈鏞으로 추정되는 심장에 의해 이루어졌는데, 정밀한 대신 비교적 소략하였던 것으로 보인다. 송준길은 시의 별집 간행과 비문碑文을 위시하여 여러 편을 언급하고 있는데, 현재 전하는 『우복집』의 편차를 살펴보면 송준길의 의견이 대부분 반영된 것으로 보인다.

그 후로 송준길은 1666년61세에 정도응에게 『우복집』 편찬에 대해 다시 한번 언급한다.

"『사문록思問錄』이 어찌 후학들에게 절실한 글이 아니겠는가. 그러나 그 책을 본 적이 있는데 단지 『예기禮記』를 논한 것만이 있을 뿐 나머지는 모두 미완未完의 상태이니, 진실로 큰 결점일세. 일찍이 『양정편養正篇』을 출간하려 한 것으로 아는데, 어째서 아무 소식이 없는가? 서울에 있을 때 홍상洪相 홍명하洪命夏을 만났더니, 문집 이야기를 하면서 더할 수 없이 경탄하였네. 그러나 그중에 예에 대해 문답한 부분에 버리고 취한 것이 정밀하지 못한 곳이 없지 않으니 한탄스럽네."

이처럼 송준길은 장인 정경세의 문집에 관련해서 끝까지 세심한 관심과 조언을 아끼지 않았다.

제3장

군주와 만남의 '융隆'

44 ~ 53세 · 이때는 효종이 재위하던 시기로, 송준길은 효종의 신임을 받아 시강원 진선을 시작으로 대사헌을 거쳐 병조 판서 및 우참찬에까지 오른다. 관직에 제수될 때마다 사직을 청했지만 효종은 받아들이지 않았고, 간혹 부득이하게 사직을 허락하더라도 곧 새로운 관직으로 송준길을 불러들였다. 이 기간에 송준길은 경연에 참여하여 효종에게 『심경』을 진강하고 아울러 임금으로서의 덕을 진작하려 노력하였으나, 효종의 잦은 병으로 그의 기대만큼 내실 있게 지속되지는 못했다. 개인적으로는 사위 나명좌가 젊은 나이에 죽어 크게 상심하였고, 부인 정씨도 먼저 세상을 떠나는 일을 겪었다.

간언을 구하는 임금의 하교에 답하고 아울러 사헌부 집의를 사직하는 상소

應旨兼辭執義疏

삼가 말씀드립니다. 병으로 쇠약하여 직임을 감당할 수 없는 신의 형편을 성상께서 이미 남김없이 자세히 알고 계실 터인데, 또 새로운 명을 내려 사헌부 집의의 직임에 제수하시니, 신은 황공하고 불안하여 더욱 어찌할 바를 모르겠습니다.

신하의 도리로 볼 때 달려 나아가 직무에 힘을 다해서 알아주신 성은의 만분의 일이라도 보답하는 것이 마땅하겠지만, 신은 큰 병이 몸을 속박하고 온갖 합병증까지 생긴 데다가 최근에는 감기마저 들어 두통과 복통이 번갈아 일어나고 구토와 설사까지 겹쳐 병세가 점점 더해지고 낫지 않으니, 나아가서 사은숙배할 기약조차 없습니다. 그러므로 여러 차례 사직 단자를 올렸으나 번번이 승정원이 물리치고 받아들이지 않으니, 신은 근심과 불안으로 어찌할 바를 모르겠습니다.

그리고 이 직임은 신이 이미 한 번 맡았다가 낭패를 본 것인데, 한 번 직책을 맡은 것도 벌써 잘못인데 어찌 두 번씩이나 할 수 있겠습니까. 삼가 바라건대, 성상께서는 신의 간절한 소청이 충정에서 나온 것임을 헤아리시어 신의 직명을 감당할 만한 사람에게 다시 제수해 주소서. 그렇게 하시면 공公과 사私에 이루 다할 수 없는 다행이겠습니다.

삼가 생각건대, 신이 지난날 재차 경연에 입시했을 적에 외람되이 품고 있던 생각을 함부로 진달하였으나 성상께서 온화한 말씀으로 깊이 장려해 주셨으니, 신이 목석이 아니고서야 어찌 감격할 줄을 모르겠습니까. 그러나 신은 정신이 혼미하고 언어가 천박하여 성상의 마음을 깨우쳐 융숭한 성은에 보답하지 못했기에, 마음속으로 되뇌며 항상 부끄러운 생각을 품고 있습니다. 그때의 말은 한 마디 한 마디가 모두 충정에서 나왔지만, 번갈아 가며 진달하는 사이에 아뢴 말이었으니, 전하께서 어찌 기억하시겠습니까.

또 신이 직접 성상의 전교를 받아 보건대 간언을 구하시는 뜻이 매우 간곡하니, 이는 그저 옛 형식이나 갖추고자 해서가 아니라 장차 이를 채용해서 새로운 정치에 보탬이 되고자 하신 것입니다. 그런데 신이 어찌 감히 입을 닫고 한마디도 올리지 않아서 전하의 기대를 저버리겠습니까. 삼가 지난날 성상의 자리 앞에 나아갔을 때 진달한 것을 다시 하나하나 되풀이해 아뢰어서 그때 다 아뢰지 못한 생각을 마저 말씀드리겠습니다. 바라건대, 성상께서 사람이 시원찮다 하여 말까지 버리지 말고 혹 유념하신다면 이 또한 죽은 말을 사 오는 뜻*이 될 것입니다.

신이 처음 뵙던 날에 말씀드리기를 "전하께서 한창 『중용』을 강독하고 계신데 주자의 서문에 자세히 서술한, 옛날 성왕들이 도통道統을 전수한 '인심은 위태롭고 도심은 은미하니 오직 정밀하게 살피고 전일하게 지켜야 진실로 그 중정中正을 잡으리라. 人心惟危 道心惟微 惟精惟一 允執厥中'라는 16자*는 실로 만세 심학心學의 연원입니다. 그러므로 예로부터 유신들이 그 임금에게 도통의 책무를 지도록 권한 것은 충성을 원하는 신하의 지극한 뜻이었습니다. 그런데 오늘날 신료들이 밝은 성상을 만났으니 이 일로써 성상께 기대하는 마음이 어찌 간절하지 않겠으며, 전하 또한 그 일을 어찌 사양하실 수 있겠습니까." 하니, 성상께서 즉시 옳다고 인정하셨습니다.

이른바 '도道'라는 것은 무엇입니까? 바로 일상의 행위 사

* 죽은……뜻 : 보잘것없는 자신의 간언을 채용하면 신하들이 임금께 더 훌륭한 간언을 올릴 것이라는 말이다. 원래는 가까이에 있는 작은 인재부터 등용하면 큰 인재가 스스로 이른다는 뜻이다. 전국戰國 시대 때 연 소왕燕昭王이 곽외郭隗에게 인재를 천거하게 하자, 곽외가 "옛날에 어떤 임금이 시종하는 신하에게 1000금을 주어 천리마를 사 오도록 하였는데, 시종관은 말이 이미 죽고 없으므로 500금을 주고 그 말의 뼈를 사 가지고 왔습니다. 그러자 천리마를 간절히 구한다는 소문이 나서 곧이어 살아 있는 천리마 세 마리가 이르렀습니다."라고 하면서 인재를 구하려면 이 곽외부터 등용하라고 하였다. 『전국책戰國策』「연책燕策」에 보인다.

* 인심은……16자 : 『서경』「대우모大禹謨」에 순 임금이 우 임금에게 왕위를 물려주면서 훈계한 말이다. 주자朱子는 이 16자가 성인들이 도통을 전수한 요결要訣이라고 하였다. 『심경』에서 이 내용을 자세하게 다루고 있다.

이에서 사리를 정밀하게 살펴 진실로 그 중도中道를 얻는 것입니다. 이로써 덕을 이루는 것을 '수기修己'라 하고, 이로써 교화를 펴는 것을 '치인治人'이라 하며, 수기와 치인의 실상을 다하는 것을 '전도傳道'라 하니, 요 임금과 순 임금과 우 임금께서 서로 전수한 것도 단지 이와 같을 뿐입니다. 도통이 임금에게 있으면 도가 당세에 행해져서 은택이 후세에까지 유전되지만, 도통이 필부에게 있으면 도가 당세에 행해지지 않고 단지 후학에게 전해질 뿐입니다. 만약 임금에게 도통이 전해지지 않고 필부마저 떨치고 일어나지 않는다면, 천하 사람들은 방향을 잃고 어디로 가야 할지 모를 것입니다.

아, 주공周公이 죽은 뒤로 백세 동안 훌륭한 정치가 없었고, 맹자가 죽은 뒤로 천년 동안 참다운 유자가 없었는데, 송나라에 와서 정자와 주자 등 여러 선생이 비로소 도통의 맥을 이었습니다. 그러나 그 뒤로는 도통을 이은 사람이 있다는 말을 듣지 못했고, 임금으로서 이 도의 전통을 담당한 사람이 있었다는 말은 더더욱 듣지 못했으니, 바로 이 점이 신이 길게 탄식하며 전하께 기대하는 까닭입니다.

신이 듣건대 『중용』의 첫 장은 『대학』의 경經 1장章과 서로 안팎이 되니, 몸을 닦고 나라를 다스리는 도가 대략 여기에 갖추어져 있다고 합니다.

'하늘이 명한 성天命之性'은 '밝은 덕明德'이 갖추어진 이치이고, '성을 따르는 도率性之道'는 '밝은 덕'을 행하는 것이고, '도를 닦는 가르침修道之教'은 '백성을 새롭게新民' 하는 법도이며, '경계하고 두려워함戒懼'은 체통 공부로 '마음을 바르게 함正心'에 속하고, '홀로 있을 때 삼감愼獨'은 성찰 공부로 '뜻을 성실하게 함誠意'에 속하며, '중화中和를 이루면 천지가 제자리를 잡고 만물이 생육된다.'는 '밝은 덕', '백성을 새롭게 함', '지극한 선에 머물러止於至善 천하에 밝은 덕을 밝힘'을 이르는 말입니다. 바라건대, 전하께서는 유념하여 도통을 담당할 수 있음을 의심치 마시고, 성인을 배울 수 있으며 요순堯舜을 본받을 수 있다고 생각하십시오. 겁내어 스스로 물러서지도 말고 스스로 무기력하게 구습만을 따르지도 마시며, 이해利害의 말에도 동요되지 말고 세속의 의논에도 흔들리지 마시며, 기필코 이 도가 크게 밝아지고 크게 행해지게 하여 도통의 맥을 이으신다면, 만세의 큰 다행이겠습니다.

안연顔淵은 누추한 거리의 한 선비였으나 오히려 "순 임금은 어떤 사람이고 나는 어떤 사람인가? 순 임금과 같은 일을 행하는 사람은 역시 순 임금처럼 될 수 있다."라고 하였습니다. 하물며 당당한 제후국의 임금으로 하늘이 부여한 책임을 받아 억조창생의 임금이자 스승이 되셨으면서 어찌 스스로 작게 여기고 스스로 포기해서야 되겠습니까. 전하께서는 더욱 두렵게 생각하소서.

또 신이 진언하기를 "계해년1623 중흥한 초기에는 어진 사람들이 조정에 가득하였으니 본받을 만한 일이 많습니다." 하자, 전하께서 즉시 답하시기를 "비록 그러하나 삼대를 모범으로 삼아야 한다."라고 하셨습니다. 이는 참으로 훌륭한 말씀입니다. 옛날에 정명도程明道가 신종神宗에게 치도를 자세히 진달하자, 신종이 말하기를 "이는 요순의 일이니 짐朕이 어찌 감당할 수 있겠는가." 하니, 정명도가 정색하며 말하기를 "폐하의 이 말씀은 종묘사직과 백성의 복이 아닙니다."라고 하였습니다. 아, 그런데 지금 전하의 말씀이 이와 같으니 실로 종사와 신민의 복입니다. 그러나 신하 중에 정명도 같은 사람이 없는 것이 한스러울 뿐입니다. 정자가 "요 임금과 순 임금 시대에는 미칠 수 없으나 우 임금, 탕 임금, 문왕, 무왕 시절은 기필코 회복할 수 있다."라고 하였으니, 신종에게 올린 차자箚子에 이에 관해 매우 자세히 논하였습니다. 아, 정자가 어찌 거짓말을 하여 당시의 임금과 후학들을 속였겠습니까.

오직 전하께서는 천지를 위하여 마음을 세우고 백성을 위하여 표준을 세우시며, 옛 성인을 위하여 단절된 학문을 잇고 만세를 위하여 태평을 여십시오. 이 뜻을 굳게 지켜 변하지도 물러나지도 마시고 먼저 5년이나 7년의 계획을 세워 1년에 반드시 1년의 공부를 해 나간다면, 뜻이 일과 함께 확립되고 일이 뜻에 따라 이루어져서 전하께서 하고자 하시는 대로 될 것입니다.

선유들은 상중喪中에 있는 날을 선한 단서가 드러나는 때라고 하였는데, 신이 몸소 겪고 나서야 비로소 이 말이 진실로 옳다는 것을 알았습니다. 지금 전하의 선한 단서가 바야흐로 싹트고 어진 마음이 성대하게 일어나는 모습이, 마치 불이 처음 타오르고 샘물이 처음 솟는 것과 같습니다. 맹자의 "그 마음을 확충하면 사해를 보호할 수 있고, 확충하지 않으면 부모도 섬길 수 없다."라는 말은 참으로 두려운 말입니다. 옛날의 제왕 중에 처음에는 비록 뜻을 두었으나 끝까지 잘한 사람이 드물어서, 앞뒤의 행위가 마치 전혀 다른 사람인 듯한 경우가 많았습니다. 지금은 성상께서 뜻이 이미 섰지만, 만약 세월이 흐르고 세상이 변하여 일의 처리가 경솔하고 인정에 끌려서 마침내 온갖 계획이 불분명해져 한 가지 일도 전에 세운 뜻에 부합하는 것이 없게 된다면, 천 년 뒤에 사람들이 어찌 이를 탄식하며 통한해하지 않겠습니까. 전하께서는 신중하게 생각하소서.

또 신이 근자에 성상의 전교를 받아 보니, 사람을 알아보기가 매우 어려움을 염려하셨습니다. 그러나 신은 이 말씀을 그냥 한번 해 보신 말씀으로 여겨 감히 '격물치지格物致知'와 '공명정대公明正大' 등의 말로 아뢰었습니다마는, 물러 나와 생각해 보니 전하의 거조와 억양 사이에는 실로 공의公議에 맞지 않는 점이 많았습니다. 정자의 말에도 "이것에 밝은 자가 혹 저것에는 어두우니, 큰 성인이 아니고서는 어찌 자기 기질의 문제점이 없겠는가." 하였습니다. 성상께서 평소 이 문제에 대해 묵묵히 살펴보고서 스스로 부족함을 깨달으셨기에 경연에 임하여 탄식하며 매우 어렵다고 하신 것이 아닌지요.

주자의 말에 "양陽은 반드시 강하니 강하면 반드시 밝고 밝으면 알기가 쉬우며, 음陰은 반드시 부드러우니 부드러우면 반드시 어둡고 어두우면 헤아리기가 어렵다. 그 광명정대함이 청천백일과 같고 소창통달함이 고산대천과 같으며, 천둥과 벼락처럼 위엄이 있으면서도 비와 이슬처럼 은택이 있고, 용과 호랑이처럼 용맹스러우면서도 기린과 봉황처럼 상서로움이 있어, 뜻이 크고 마음이 넓어 조금도 의심할 만한 것이 없는 자는 군자이다. 아첨하는 더러운 행실과 부정한 마음을 숨기어 뱀처럼 서로 얽히고 서캐처럼 잔달며, 여우처럼 사람을 현혹하고 도적처럼 남이 잘못되도록 저주하는 등, 순식간에 모습을 바꾸며 교활하기가 짝이 없는 자는 소인이다."라고 하였습니다. 주자의 이 말이 군자와 소인의 정상情狀을 자세하게 다 설명하고 있으니, 임금이 이로써 사람을 관찰한다면 도움되는 바가 많을 것입니다.

남헌南軒 장식張栻의 말에 "절개를 지켜 의리에 죽을 사람은, 임금이 싫어하는데도 과감하게 간언하는 사람 중에서 찾아야 한다."라고 하였으니, 임금 된 자도 이 뜻을 몰라서는 안 됩니다. 애공哀公이 "어떻게 하면 백성이 복종합니까?"라고 묻자, 공자께서 대답하기를 "곧은 사람을 등용하고 굽은 사람을 버리면 백성이 복종하고, 굽은 사람을 등용하고 곧은 사람을 버리면 백성이 복종하지 않습니다."라고 하였는데, 주석에 정자가 말하기를 "등용하거나 버리는 것이 사리에 맞으면 민심이 복종한다."라고 하였습니다. 대개 임금이 '격물格物', '치지致知', '성의誠意', '정심正心'의 공부에 먼저 깊이 힘을 쏟아서 마음의 척도가 어긋나지 않은 뒤에야 아랫사람들의 시비是非, 사정邪正을 가릴 수 있습니다. 그리고 대신에게 묻고 가까운 신하에게 자문하시면 사람을 등용하고 버리는 사이에 거의 잘못이 없어서 인심이 복종할 것입니다. 이와 같이 하면 조정이 깨끗하고 기강이 엄숙해져서 편당의 오랜 악습도 모르는 사이에 저절로 녹아 없어지겠지만, 그렇지 못하다면 어진 자와 불초한 자가 뒤바뀌어 끝내 혼란과 멸망으로 귀결될 것입니다.

또 전날에 어사를 보내는 일로 성상께서 간곡하게 분부하여 아래에서 선발해 아뢰게 하셨으나, 승지가 옛 규례가 아니라는 이유로 고집스럽게 반대하였습니다. 신의 어리석은 소견에는 성상께서 새로 보위에 올라 여러 신하의 현부賢否를 다 살피지는 못하셨을 테니 대신이 선발해 아뢰는 것이 사리에 합당하다고 생각되었으나, 조정의 체통이나 규례를 잘 모르기 때문에 아무 말도 하지 못하고 물러 나왔습니다.

선정신先正臣 이이李珥의 기록을 상고하건대, 선조조에 어사를 파견하려고 대신에게 누가 좋겠느냐고 묻자 "선택하는 것은 성상의 마음에 달렸습니다."라고 하며 사양하였는데, 이를 두고서 당시의 식자들이 "사람을 천거하여 관직에 제수하는 것은 대신의 직임인데, 평상시에 충분히 생각해 두지 않다가 하문을 받고서야 회피하는 말을 하였으니, 대신의 체통을 크게 잃었다."라고 하였습니다. 이는 바로 오늘날에 거울삼아야 할 바입니다.

어사는 중책입니다. 혹시라도 적임자를 얻지 못하여 탐문하는 것이 자세하지 못하고 벼슬을 올리고 내리는 일에 공정하지 못하면 그 폐해가 매우 크리니, 도리어 보내지 않느니만 못합니다. 이미 지나간 일이지만, 전하께서는 유념하셨다가 후일에 이와 비슷한 일이 생겼을 때 준용하시기 바랍니다.

또 전하께서 인재를 얻는 일의 어려움을 탄식하셨는데, 이는 사실 그러합니다. 그러나 옛말에 "인재는 다른 세대에 빌릴 것이 없다. 하늘이 한 시대의 사람을 내실 때 그 시대의 일을 처리하기에 충분한 인재를 낸다."라고 하였고, 『주역』에 "같은 소리는 서로 호응하고 같은 기운은 서로 찾기 때문에 구름은 용을 따르고 바람은 범을 따른다."라고 하였습니다.

지금 세상에 비록 인물이 적기는 하지만 정성을 다해 구한다면 천 리나 되는 나라에 어찌 한 세상을 책임질 만한 인재가 없겠습니까. 그 가운데서 뛰어난 사람을 뽑아 등용하여 벼슬을 함께하고 직무를 다스려 신표처럼 믿고 부자처럼 친한 뒤에는 정치를 닦고 교화를 밝혀 한 세상을 다스려 안정시킬 수 있을 것입니다.

삼대의 군신은 너무 위대해서 미칠 수 없습니다. 그러나 부견苻堅이 왕맹王猛을 등용하고 우문태宇文泰가 소작蘇綽을 등용한* 정도라도 모두 군신이 한마음으로 태평성대의 치적을 이루었으니, 예로부터 지금까지 위아래가 친밀하게 서로 잘 맺어지지 않고서 성공한 경우는 없었습니다.

『주역』「혁괘革卦」에 "개혁해야 한다는 말이 세 번에 이르면 믿을 수 있다."라고 하였고, 「태괘泰卦」에 "불선한 사람까지 포용하는 넓은 도량이 있으며, 배도 없이 황하를 건너는 용기가 있으며, 멀리 초야에 있는 인재를 버리지 않으며, 사사로운 붕당을 끊어 버리면, 중도에 맞을 것이다."라고 하였습니다. 또한 그 전傳에 정자가 "크게 변혁하면 크게 이롭고 조금 변혁하면 조금 이롭다."라고 하였고, 동중서董仲舒도 "정사를

* 부견苻堅이……등용한 : 진晉나라 말엽에 오호십육국五胡十六國 중의 하나인 전진前秦을 세운 부견은 왕맹을 승상으로 삼아 부국강병富國強兵을 이룩하였고, 북주 태조北周太祖 우문태는 소작을 등용하여 부유하고 강한 나라를 이룩하였다. 『진서晉書』「부견재기 하苻堅載記下」, 『북사北史』「소작열전蘇綽列傳」에 보인다.

행하였으나 잘 행해지지 않으면, 심한 경우에는 반드시 개혁해야만 정사를 할 수 있다."라고 하였습니다. 이는 모두 변통해야 할 것은 변통하고, 변혁해야 할 것은 변혁해야 함을 말한 것입니다.

대개 예로부터 국가가 융성함이 극에 달하면 중간에 쇠퇴하기 마련이고, 법이 오래되면 폐단이 생겨납니다. 안일에 젖고 구습을 따라 나날이 잘못되고 다달이 그릇되어 거의 나라를 다스릴 수 없게 되면, 반드시 밝은 임금과 슬기로운 재상이 분연히 일어나서 어둡고 나태한 자들을 깨우치고 묵은 폐단을 개혁하며 선왕의 유지遺志를 잘 이어 한 시대를 밝고 새롭게 한 뒤에야 전왕의 공을 빛내고 후손에게 대업을 물려줄 수 있었습니다.

전하께서 보시기에 오늘의 국가 정세가 어떻다고 생각하십니까? 백성들의 곤궁이 이미 극에 달하여 밖으로는 억압을 받고 안으로는 믿을 곳이 없으며 천재지변과 괴상하고 요상스러운 일이 없는 달이 없으니, 비유컨대 큰 병을 앓고 있는 사람이 원기가 다 떨어져서 온갖 합병증이 함께 생겨 숨만 겨우 붙어 있는 것과 같습니다. 이러한데도 서둘러 투약하여 살릴 생각은 하지 않고 손을 놓고서 죽기만을 기다린다면, 반드시 백성에게 자애롭지 못하고 선왕께 효도하지 못하는 잘못을 면치 못할 것입니다. 그렇다면 지금이 어찌 전하께서 규칙만 지켜 항상 하던 대로 구습만을 따를 때이겠습니까.

신은 본디 시무에 어두우니, 진실로 구제할 방법이 무엇인지는 모르겠습니다. 그러나 시골에 있을 적에 어르신들과 사민들의 논의를 익숙히 들었는데, 모두들 수군과 육군의 군포를 이웃과 일가붙이에게 징수하는 것, 삼세목三稅木을 지나치게 요구하는 것, 서리들의 농간으로 부역이 공평하지 못하고 공안貢案이 균등하지 못한 것 등을 오늘날의 고질적인 폐단이라 하였습니다. 그리고 대동법이 시행되기를 바라는 마음이 매우 간절하여 크게 기대하면서, "성상께서 졸곡卒哭이 지난 뒤에는 반드시 크게 진작하고 변혁하실 테니, 조금이라도 더 살아서 덕화가 이루어지는 것을 보기 원한다."라고 하였습니다. 그런데 지금 졸곡이 지난 지 몇 달이 되었는데도 사방의 기대를 위로하는 조처가 없었습니다. 신은 이에 대해 조정에서 현재 강구 중임을 잘 알고 있습니다마는, 더욱 바라건대 자상하고 화락하며 재주와 성실을 겸비한 신하를 각별히 선발해서 이 일을 맡겨 완성하도록 책임 지우고 착실히 변통하여 백성들의 폐해를 조금이나마 구제토록 하소서. 그렇게 하시면 어찌 매우 다행스럽지 않겠습니까.

금년 농사도 매우 실망스러우니 어렵게 살아남은 연약한 백성들이 어떻게 견딜 수 있겠습니까. 이를 생각하면 실로 측은하기 그지없습니다. 지난 역사를 두루 살펴보건대, 장각張角

과 갈영葛榮의 변란*이 언제 배고픔과 추위에서 기인하지 않은 적이 있었습니까. 이 점을 더욱 깊이 생각해야만 합니다.

또 신이 듣건대, 호남과 호서 두 도에는 민간의 폐해가 심하여, 연해 일대의 어디서 어디까지는 아무 궁가의 점유지이고 어디서 어디까지는 아무 세력가의 점유지여서 백성들은 어염魚鹽의 이익에 손도 대지 못한다고 합니다. 반정 초기에 대간의 의론으로 인해 혁파하였으나, 다 혁파하지 못해 그 뒤 점유 면적이 점점 늘어나 다시 전과 같아져서 백성들의 원망과 괴로움이 극에 달하게 된 것입니다. 게다가 파주坡州는 작은 고을인데 대군이 농장을 설치하자, 부역을 피하려는 백성들이 그곳에 다투어 달려가는데도 관가에서 감히 금지령을 내리지 못하여 백성들의 부역이 갑절이나 가중되었습니다. 이런 곳이 또 몇 군데인지 모르겠습니다. 그리고 궁노宮奴들의 교만하고 방자한 폐단에 백성들의 원성이 자자하다고 합니다. 아, 이 또한 막을 수 없다는 말입니까. 전傳에 이르기를 "부자와 형제가 본받은 뒤에야 백성들이 본받는다."라고 하였으니, 성상께서는 이에 대해 더욱 마음을 쓰소서.

내수사에서 사사로이 재물을 축적하는 일에 대해 그동안 유신들이 혁파하기를 청한 것이 한두 번이 아니었습니다. 옛

* 장각張角과 갈영葛榮의 변란 : 후한 영제後漢靈帝 때 장각이 일으킨 황건적黃巾賊의 난과 북위 효명제北魏孝明帝 효창孝昌 2년 9월에 갈영이 일으킨 반란을 이른다.

사람이 이른바 "제후의 부는 백성들에게 저장한다."라는 것은 이렇게 해서는 안 된다는 사실을 말함이 아닐는지요. 그런데 오늘의 사정은 주자가 말한 "사사로운 저축으로 여겨 사사로운 사람에게 맡긴다."라는 사실에 가까우니, 어찌 매우 부끄러운 일이 아니겠습니까. 근자에 대신臺臣이 전하께 기대한 바가 매우 간절하였는데 전하께서는 더 헤아리지 않으셨으니, 아무리 알아듣도록 자세히 타이르시는 말씀이 있다 하더라도 끝내 신민들의 마음에 의심이 풀리지 않을 것입니다. 신은 전하를 위해 이 점을 애석하게 여깁니다.

전하께서는 어찌하여 우레와 바람처럼 신속하게 통렬히 스스로 분발하여 대신이 전후에 논한 바에 대해 지휘를 내리고 결연히 지난날의 잘못을 깨달아 뉘우치는 뜻을 보이지 않으십니까. 내수사의 사재私財를 갑자기 혁파하기는 어렵습니다. 그러나 어제 송시열이 아뢴 것처럼, 연한을 정하거나 절반을 나누어 호조에 귀속시키고 투속投屬한 사노들도 속히 환급하여 사방에 사과하소서. 그렇게 한 뒤에야 중외中外의 본보기가 되어 구습을 깨끗이 씻어 내고 잘 다스리는 정치를 이룰 수 있습니다.

정자가 중용中庸의 불가능을 논하면서 '극기克己'가 가장 어렵다고 말하였고, 사양좌謝良佐는 "극기는 모름지기 성품이 편벽되어 극복하기 어려운 곳부터 극복해 가야 한다."라고 말하고 또 "극기 공부는 남에게 주기 아까운 물건부터 가려서 남에게 줄 수 있어야 한다. 집에 있는 좋은 벼루까지도 남에게 줄 수 있게 되면 그 뒤로는 공부가 점점 쉬워진다."라고 말하였습니다. 전하께서는 어찌하여 사양좌를 본받지 않으십니까. 스스로 기질에 가장 극복하기 어려운 곳이 어디에 있는가를 살피시어 먼저 가장 극복하기 어려운 곳을 단칼에 잘라 내고서, 오늘 어려운 일 하나를 행하고 내일 또 어려운 일 하나를 행하소서. 이렇게 오래 하다 보면 막힘이 없어 어려운 일이 없어지고, 끝내는 극복해야 할 사욕이 없어져서 중용이 가능해질 것입니다.

주자가 송 효종宋孝宗에게 고하기를 "폐하는 우리 송나라의 성대한 군주이시고, 오늘날은 폐하의 성대한 시대입니다. 그런데 이러한 때에 백성들의 소망에 부응하지 못하시면 조상께서 남기신 백성들이 다시 진심으로 복종하지 않을 것입니다."라고 하였고, 소공召公이 성왕成王을 경계하기를 "임금이 처음 정사를 행함은 마치 처음 태어난 어린아이를 그 유년기에 잘 교도敎導하면 스스로 슬기로운 운명을 받는 것과 같습니다. 지금 하늘이 슬기로운 운명을 명하실지 길흉을 명하실지 국운의 장구함을 명하실지는 알 수 없습니다. 오직 알 수 있는 것은 지금 우리가 초기의 정사를 어떻게 하느냐는 것뿐입니다."라고 하였습니다. 맹자의 말 또한 "아무리 지혜가 있어도 형세를 타는 것만 못하다."라고 하였습니다. 그런데 지금 전하께서는 새롭게 돌보아 주시는 천명과 간절히 귀의하고자 하는 인심을 얻으셨으니, 이야말로 근본과 시작을 바로잡아 스스로 슬기로운 운명을 받을 때이고, 시세와 사리에 따라 형세를 타고서 큰일을 할 수 있는 기회입니다. 그러니 비단 전하께서 놓칠 수 없는 기회일 뿐만 아니라 국가의 성쇠와 치란의 분기, 종묘사직의 안위와 영욕의 조짐이 모두 여기에서 결정될 것입니다. 아, 어찌 두렵지 않을 수 있습니까.

신이 탑전에서 감히 "나라를 어지럽힌 자를 형벌하되 엄중한 법을 쓰소서."라는 말로 아뢴 것은, 진실로 때에 따라 폐단을 구제해야 하는 의리상 그렇게 하지 않아서는 안 되기 때문이었습니다. 이 또한 사마온공司馬溫公이 "세태에 따라 법의 운용을 가볍게도 하고 무겁게도 해야 한다."라고 하고, 주자가 "관용과 준엄함을 병용하여 폐단을 구제한다."라고 한 뜻이었지, 전하께서 법을 엄하게 운용하고 형벌을 각박하게 시행하도록 인도하려던 것은 아닙니다.

공자께서 "인도하기를 정사로 하고 균일하게 하기를 형벌로 하면 백성들이 형벌을 면할 수 있으나 악을 부끄러워함은 없으며, 인도하기를 덕으로 하고 균일하게 하기를 예禮로 하면 백성들이 부끄러워함이 있고 또 선에 이를 것이다."라고 하셨는데, 주자가 이를 해석하기를 "정사는 다스림을 베푸는 도구이고, 형벌은 다스림을 돕는 법이고, 덕과 예는 다스림을 일으키는 근본인데 덕은 또 예의 근본이다."라고 하였습니다. 성현이 논한 바는 만세토록 행하여도 폐단이 없으니, 전하께서는 깊이 유의하여 일의 완급을 잘 아시기 바랍니다.

신이 듣건대, 옛날의 성왕은 날마다 경계하고 조심하여 수레에는 여분旅賁*을 두어 호위하게 하고 조정에는 신료백관을 두었으며, 안석에는 송훈誦訓*을 두어 간언하게 하고 침석에는 설어暬御*를 두어 타이르게 하며, 일을 처리할 때에는 고사瞽史*를 두어 인도하게 하고 한가로이 있을 때는 사공師工을 두어 성현의 말을 외게 하였으며, 사관은 기록하는 직분을 다하고 악관은 시를 외우고 풍속을 아뢰는 직분을 다하여 훈도하게 하였다고 합니다.

그런데 후세에 이런 법이 다 폐지되고 다만 경연經筵이라는 한 가지 일에만 옛날의 뜻이 약간 남아 있을 뿐이니, 옛 선

* 여분旅賁 : 주周나라 때의 관직으로, 왕이 외출할 때에 16명이 각각 무기를 들고 좌우로 8명씩 나뉘어 왕의 수레를 호위하다가 수레가 멈추면 바퀴가 구르지 않도록 바퀴를 잡는 일을 담당하였다.
* 송훈誦訓 : 주나라 때의 관직으로, 사방의 기록에 있는 오래된 일들을 설명해서 임금이 각 지방의 옛일을 살필 수 있도록 하였다.
* 설어暬御 : 임금을 가까이에서 모시는 신하로, 임금에게 경계하는 말을 아뢰는 역할을 하였다.
* 고사瞽史 : 주나라 때의 두 관직명이다. 고는 악사樂師이고 사는 태사太史인데, 이들은 모두 천도天道를 아는 자이기 때문에 음양陰陽, 천시天時, 예법의 글로 임금을 가르치는 일을 담당하였다.

비가 "임금이 덕을 성취하는가는 그 책임이 경연에 있다."라고 한 것이 바로 이 때문입니다. "임금이 하루 사이에 어진 사대부를 접견하는 때가 많고 환관과 궁첩을 가까이하는 때가 적으면, 자연히 기질이 변화되어 어진 도량이 성취된다."라고 한 정자의 말과 "임금은 항상 자상하고 독실한 사람과 거처해야 하니, 선한 마음을 일으키고 덕성을 함양하여 조급한 성질을 진정하고 그릇된 생각을 소멸시킴으로써 나날이 고치고 다달이 변화하는 방법은 말만으로 되는 것이 아니다."라고 한 여조겸呂祖謙의 말이 훌륭하니, 이야말로 참으로 이치에 맞는 말입니다.

신이 장로長老에게 들으니, 선조대왕께서는 전쟁으로 혼란한 사이에도 오히려 날마다 경연을 세 번씩 열어 강학을 게을리하지 않으셨고, 선대왕께서도 반정 초기에 날마다 세 번씩 경연을 열고 밤에도 자주 경연을 계속하셨다고 합니다. 우리 선왕들께서 정신을 가다듬어 훌륭한 정치를 이룩하기 위해 노력하신 것이 이와 같았습니다. 신이 살펴보건대 요즘에는 경연을 여는 일이 매우 드물어서 조종의 가법과 비교해 볼 때 부끄러움이 있으니, 바로 정자가 "하루걸러 한 번 경연을 열어 글 몇 줄을 강독하는데 신하들이 열을 지어 모시고 서 있다가 근엄하게 물러가니, 이렇게 하고서야 보양輔養을 기대하기가 어렵지 않겠는가."라고 한 말과 같은 꼴이어서 참으로 두렵습니다.

삼가 생각건대, 전하께서 선대왕의 승하로 비통 속에 계시어 옥후가 건강하지 못한 데다 날씨마저 매우 추우니, 진실로 피로하게 자주 경연에 거둥하시기가 어려울 것입니다. 그러나 바라건대 전하께서는 물이 아래로 흐르듯이 배움에 전념하시어, 매양 겨울 햇볕이 따뜻할 때와 밤기운이 청명할 때 재신을 등대시키고 유신들을 접견하여 선도善道를 개진하고 치체治體를 강론하게 하시면, 총명이 날로 열리고 지기志氣가 날로 강해져서 양생의 도에도 반드시 크게 도움 되는 바가 있을 것입니다.

김집金集으로 말하면 경력이 많고 학덕이 높은 유학자로 바야흐로 성상의 후한 대우를 받고 있으니, 현인을 좋아하는 전하의 정성이 예사롭지 않음을 온 국민이 우러러 감탄하고 있습니다. 그러나 그를 접견하는 때가 매우 드물고 다만 특진의 예로 만나실 뿐이니, 어찌 일폭십한一暴十寒*의 결과가 되지 않겠습니까. 김집이 나이는 비록 많으나 근력은 강건하니, 질병이나 사고가 있을 때를 제외하고는 선왕 때 정경세에게 한 예처럼 그를 자주 입시하게 한다면 반드시 도움 되는 바가 있을 것입니다. 우리 세자의 몸이 아직 어리시어 마치 쇠가 풀무 속에 있는 것과 같으니, 더욱 보양의 방법을 소홀히 할 수

* 일폭십한一暴十寒 : 하루 동안 따뜻하게 하고 열흘 동안 춥게 한다는 뜻이다.

없습니다.

또한 이 사람으로 하여금 자주 알현하여 보익할 수 있게 하소서. 오늘날 여러 신하 가운데 재학才學이 뛰어나고 충성이 순수하고 두터워 안팎의 칭송을 받는 사람들은 모두 하루도 전하의 곁에 있지 않아서는 안 됩니다. 이유태李惟泰, 권시權諰 등도 학식이 해박하고 사려가 심원하여 선비들의 기대가 매우 큰 사람들입니다. 잔약하고 누추한 신도 외람되이 성상을 모시고 있는데 이 두 신하는 아직 먼 외지에 있으니, 이는 마치 쭉정이가 알곡 앞에 있는 꼴이어서 신은 실로 부끄럽습니다. 바라건대 특별히 불러 경연에 입시하게 하소서. 신은 본래 우활한 선비인 데다가 고질병까지 있어 학술이 천박하고 심신이 어지럽기에, 고상한 언론으로 성상의 뜻에 부응하여 어진 정치를 조금도 도울 수가 없습니다.

그러나 전하께서는 이미 스스로 성인聖人을 목표로 기약하셨으니 삼대의 정치를 한다면 근본이 확립될 것이고, 사람을 알아보고 잘 임용하여 취하고 버리는 것이 사리에 맞으면 민심이 복종할 것입니다. 정사를 변통하여 백성의 고통을 구제하고 사욕을 극복하여 선한 도리를 따르면 폐습이 제거되어 원근이 모두 감화될 것이고, 자주 경연에 납시어 현자를 가까이하고 도의를 강론하면 성상의 덕이 날로 높아지고 정치의 효과가 날로 새로워질 것입니다. 이 몇 가지를 날마다 부지런히 강론하고 연마하여 게을리하지 않으면 정치를 하는 방도가 대략 갖추어질 테니, 나머지는 그저 이를 들어 시행하기만 하면 될 것입니다.

그러나 천하의 일은 임금 한 사람의 마음에 근본을 두지 않는 것이 없어서 모든 책임이 다 임금에게 돌아옵니다. 온갖 욕심이 양심을 공격하므로 위험스럽게 흔들리고 안정하기 어려운 정도가 사서인士庶人보다 만 배나 됩니다. 전하께서는 조심하고 경계하여 조금이라도 공부를 게을리하지 마소서. 아직 드러나기 전에는 지키기를 더욱 엄격히 하고 이미 드러난 즈음에는 성찰하는 바를 더더욱 정밀히 하시면, 공명功名을 탐하는 생각이 없어져 마음이 담박하고 고요하며 맑고 편안하여 참된 마음이 안에 자리 잡아 객기에 흔들리지 않고 혈기가 법도를 따라 희로애락에 잘못됨이 없게 될 것입니다. 본원本源이 이와 같고도 정치의 효과가 드러나지 않았다는 말은 신이 아직 듣지 못했습니다. 이렇게 하지 않는다면, 정자가 "일마다 고치더라도 그런 일이 되풀이될 테니 장차 이루 다 고칠 수 없고, 사람마다 제거하더라도 그런 사람이 계속 나올 테니 장차 이루 다 제거할 수 없을 것이다."라고 한 말이 어찌 매우 두렵지 않겠습니까. 또한 날로 난리와 멸망의 종말로 빠져들 뿐입니다.

신이 이 기회에 또 느낀 바를 말씀드리겠습니다. 선비가 이 세상에 살아감에 각자 품은 뜻이 다르기는 하지만, 초야에 몸을 묻고 살아가는 것은 본래 원한 바가 아니라 진실로 부득이해서입니다. 주자가 말하기를 "사대부 출처의 득실은 비단 선비 한 몸의 사사로운 일일 뿐 아니라 실로 풍속의 성쇠와 관계된다."라고 하였습니다. 대체로 한 선비의 출처가 풍교風教와 아무 상관이 없을 것 같지만 주자의 말이 이와 같으니, 어찌 사리에 맞지 않는 것을 주자가 말했겠습니까. 여기에는 반드시 그런 도리가 있을 것입니다. 신 같은 사람은 진실로 말할 것도 없거니와, 초야에 있는 모든 선비가 다 새로 즉위하여 행하신 교화와 예를 다해 대우하시는 융숭한 은혜에 감격하여 큰 뜻을 품고서 즐거운 마음으로 조정에 모여들고 있습니다. 그러니 가령 앞으로 훌륭한 정치를 하여 후일에 전하의 덕업이 날로 일어나고 정치의 교화가 날로 높아져서 상商나라의 고종高宗처럼 나라를 잘 다스려 안정시키며 주周나라의 선왕宣王처럼 난리를 평정하여 쇠한 국운을 부흥시킨다면, 오늘의 모든 신하도 진실로 함께 영화를 누릴 것입니다. 하지만 만에 하나라도 생각을 잘못한다면, 전하께서 천고千古의 비웃음을 당할 뿐만 아니라 오늘의 신하들도 모두 왕의 은혜를 탐하고 벼슬에 연연하여 지조를 지키지 못하고 뜻을 잃은 무리가 됨을 면하지 못할 것입니다. 그럴 바에야 차라리 일찌감치 돌아가도록 허락하시어 평소의 지조를 이루도록 함이 풍교에 도움이 있을 것입니다. 바라건대, 전하께서는 신의 도리에 어긋나고 참람함을 너그러이 용서하시는 한편 유의하여 잘 헤아리고 따라 주소서.

이 상소는 효종이 즉위한 1649년44세에 사헌부 집의에 제수된 후 사직을 청한 것이다. 송준길은 사직을 요청하는 동시에 이와 더불어 막 즉위한 효종에게 성왕의 뜻을 세울 것, 도통을 전승할 것, 제도를 개혁하여 백성을 소생시킬 것을 진달하였다. 그리고 이 모든 것이 임금 한 사람의 마음에 달려 있기 때문에 공부를 조금이라도 게을리해서는 안 됨을 거듭 강조한다. 초야로 돌아가기를 청하는 부득이함을 언급한 마지막 구절에서는, 자신의 출처가 한 사람의 진퇴일 뿐만 아니라 국가의 성쇠와 관련된 것임을 진달하고 있다. 효종은 이에 대해 "충직하게 임금을 사랑하는 정성이 말에 드러나 있다. 올린 말들이 모두 절실하고 심원하니, 내 어찌 두렵게 생각하지 않겠는가."라는 답을 내렸다.

효종은 이후에도 즉위 기간 내내 송준길에게 여러 관직을 내리면서 그를 조정에 불러들이는 일을 그만두지 않았고, 송준길이 사직하고 돌아가기를 청할 때마다 조정 신하들의 만류가 이어졌다.

비교적 긴 상소이지만, 송준길의 학문과 정치에 대한 생각이 잘 드러나 있어 전문을 소개한다. 특히 막 효종이 왕위에 오른 때라서 새로운 정치를 펴기를 기대하는 간절한 염원이 또렷이 담겨 있다. 송준길이 자신의 의견을 드러내기 위해 원용하는 사례들은 기본적으로 『중용』, 『대학』, 『주역』 등 유가 경전에 적힌 것이고, 정자와 주자 등 송대 유학자들의 말이다. 훌륭한 군주가 되려면 깊고 올바른 학문의 깊이가 필수적이라고 믿었던 그 시대의 신념을 확인할 수 있다.

포저浦渚 조익趙翼은 임금에게 송준길의 상소를 베껴 좌우에 두고 아침저녁으로 볼 것을 청하기까지 하였는데, 그가 올린 아래의 글에 이 상소의 내용과 의미가 잘 요약되어 있다.

이 상소를 보건대, 수천 마디의 말이 경전의 뜻과 선현의 논의에 근거하고 있으며, 또 성상께서 뜻을 세워 몸을 닦고 제도를 개혁하여 백성을 소생시키는 데 절실하지 않은 것이 없습니다. 여기에서 그의 학문이 해박하고 식견이 밝음을 볼 수 있으니, 요즘 학자들이 미칠 수 있는 바가 아닙니다. 성상께서 선정을 베풀고자 하는 오늘날 충직한 신하가 조정에 나와 이와 같은 생각을 진달하니, 참으로 국가의 다행입니다.

도통을 전승하시기를 전하께 바란 것은 요순의 도가 아니면 임금에게 말하지 않은 맹자의 뜻과 같으니, 그의 학문이 도를 깨닫지 못했다면 어찌 이런 말을 할 수 있었겠습니까. 성상께 하기 어려운 인정仁政을 행하도록 요구함이 매우 지극하다고 할 수 있습니다. 삼가 바라건대, 성상께서는 도통을 전승하는 것을 자신의 임무로 삼고 이로써 뜻을 세워 어진 이를 가까이하고 학문에 힘써 확충하소서, 그렇게 하신다면 어찌 요순의 정치를 하실 수 없겠습니까.

말미에 '아직 드러나기 전에는 지키는 것을 더욱 엄격히 하고 이미 드러난 즈음에는 성찰하는 바를 더더욱 정밀히 하시면'이라고 진술한 것은 바로 임금이 본원을 수양하는 공부이니 잠시도 소홀히 해서는 안 됩니다.

또 후일에 전하의 정치와 교화가 융성하느냐 쇠하느냐를 염려한 것으로 말하면, 그 경계함이 더욱 간절합니다. 바라건대, 성상께서는 이 지극한 경계를 잠시도 잊지 말고 반드시 삼대처럼 융성한 정치를 이룩하기를 기약하여, 그가 경계한 바를 범하지 마소서. 그리고 이 상소를 한 통 베껴 좌우에 두고서 아침저녁으로 살피시고, 그가 조목별로 진술한 여러 사항도 모두 그의 말대로 시행하소서.

과거에 급제한 동창생을 축하하며
與任季方義伯

많은 후배 중 한 사람에 불과한 저의 한마디 말이 형을 축하하기에 턱없이 부족하지만, 훌륭한 벗이 잘되는 것을 기뻐하는 저의 심정으로는 축하하지 않을 수 없습니다. 그러나 이는 공公을 위해서이지 사私를 위해서가 아닙니다. 이제부터 날아오른다면 구만리장천이 결코 멀지 않을 테니, 더욱 노력하여 시대의 어려움을 구제하는 것을 임무로 삼으시고 평범한 관리가 되려 하지 마십시오. 이는 벗을 아끼는 지극한 정에서 드리는 말씀입니다. 하지만 무슨 수로 형의 손을 마주 잡고 이 심중을 토로할 수 있겠습니까. 이 때문에 더욱 한탄스럽습니다.

나명좌의 일은 비통하여 차마 말이 나오지 않습니다. 이 아우는 오랜 병을 앓고 있으면서도 죽지 않아 또 생사를 의탁할 사람을 잃었습니다. 이는 모두 저의 궁박窮迫한 운명 탓에 그렇게 된 것이니, 어쩌면 좋단 말입니까.

나명좌의 부고를 받자마자 이어 형의 소식을 받으니, 슬픈 마음에 좋은 소식을 들어 당황스러운 심정을 뭐라 형언하기 어렵습니다. 무슨 말을 해야 할지 몰라 이렇게만 써서 부칩니다. 삼가 축하드립니다.

이 편지는 1649년 저자 나이 44세 때에 동문수학한 임의백任義伯 1605~1667에게 보낸 것이다. 이해에 임의백이 별시 문과에 병과로 급제하여 직강이 되었다. 두 사람은 사계 김장생의 문하에서 함께 공부한 사이이다. 그가 문과 전시에 합격한 것을 기뻐함과 더불어 자신이 개인적인 이유에서 기뻐하는 것이 아니라 국가를 위해 훌륭한 인재의 등용을 기뻐하는 것임을 명시하고 있다.

송준길은 임의백의 급제 소식을 듣기 직전에 맏사위 나명좌의 부고를 들은 터라 축하하는 마음이 마냥 편치만은 않았던 듯하다. 「문인록」에 따르면, 나명좌의 자는 여익汝翼이고 안정安定 사람으로 나만갑의 손자이며 명촌明邨 나양좌羅良佐의 형이다. 젊어서부터 송준길에게 수학하였는데, 송준길이 그를 매우 아꼈다고 한다.

사위 나명좌에게 고하는 제문
祭羅甥明佐文

아, 슬프다. 내가 그대와 장인과 사위 사이가 된 지 겨우 4년이니, 아, 너무도 짧구나. 옛날에 내가 그대의 돌아가신 조부를 뵈었을 때 나를 깊이 알아주고 격려해 주신 은혜를 입었네. 그래서 돌아가신 후에도 대대로 내려온 정을 더욱 도탑게 하였고, 그로 인해 그대를 사위로 맞이하였네. 그대는 자질이 함박꽃 같고 성품이 한혈마汗血馬 같으니, 앞으로 큰일을 할 듯했네. 그래서 그대 집안의 숙부들은 매양 수몽 선생정엽이 그대 조부를 가르친 일을 들어 나에게 그대를 인도해 달라고 권면했었지. 내 비록 수몽 선생처럼 하지는 못했지만, 그대는 반드시 분발하여 입신양명해서 그대 선친의 덕업德業을 계승할 것이라 생각하였네. 항상 기대하는 마음 실로 얕지 않았다네.

그러나 헤어져 있는 때가 많고 함께 지낸 때가 적어 학문을 연마시키고 덕성을 훈도하여 이끌지 못한 것이 한스러웠네. 그러나 앞으로 남은 세월이 많으니 만약 점차 덕성을 수양하여 편벽된 기질을 바로잡고 하늘도 나에게 수명을 조금 더 늘려 준다면, 조용한 물가에서 함께 어울려 학문을 강론하며 여생을 보낼 수 있을 것이라 생각하였네. 이 소망이 이루어지기를 바라는 마음을 잠시도 잊지 않았던 것은 신명이 보증할 수 있네. 그런데 지난봄 한 차례 서주西州로 간 뒤로 모든 일이 어그러져, 끝내 이 끝없는 슬픔을 품게 될 줄 누가 생각이나 했겠는가.

옛 기록에 "자식이 험난한 처지를 면하지 못하는 것은 부모의 죄이다."라고 하였고, 주자朱子도 "비록 운명이라고 하지만, 인사人事가 그렇게 만든 점이 있다."라고 하였네. 그러하니 그대가 이 지경에 이른 것이, 어찌 내가 온 정성으로 그대를 인도하고 온 방법을 동원해 그대를 보양保養하지 못하여 아직 정해지지 않은 천명이 사람의 일을 이길 수 없게 한 것이 아니겠는가. 이 때문에 나는 잠자리에서도 가슴이 두근거리고 밥을 먹어도 목이 메어 넘어가지 않으며, 오장이 찢어지듯이 아프고 아침저녁으로 정신이 멍하여 미친병이 발작할 것만 같네. 이 비통함은 내가 죽어서 아무것도 모르게 된 뒤에나 잊을 수 있을 것이네.

그대 아버지는 마침 멀리 귀양 가 계셔서 그대의 병을 구하지도 못하고 그대의 죽음에 가지도 못하였으니, 이는 진실로 참을 수 없는 고통이네. 나는 국상일國祥日에 맞추어 병든 몸을 가마에 싣고 서울로 가서 국상에 참제參祭한 다음 아울러 그대의 병도 살피려고 하였네. 그대의 병세가 거의 죽음에 이를 지경이라 내가 오기만을 기다리고 있다는 기별을 받았는데 마침 몸에 병이 더해져서 가려던 계획을 중지하고 말았네. 나는 끝내 그대의 손을 잡고 영결도 하지 못하였네. 그대 아버지와 나의 원통함이 하늘의 화평한 기운을 손상하기에 충분한데, 저 푸른 하늘은 어찌 이토록 푸르단 말인가.

죽은 사람은 그렇다 치더라도 이 청상과부가 애처롭구나. 의탁할 자식도 없고 의지할 곳도 없고 미망인의 마음을 조금이나마 위로할 수 있는 일이 하나도 없네. 세상에 팔자가 기박한 사람이 한없이 많겠지만, 비통함이 이 아이처럼 심한 사람은 없을 것이네. 사는 것이 죽느니만 못하다고 여기고 있는 저 아이의 심정을 모르는 바 아니네만, 그래도 몸 보존하기를 바라는 것이 바로 아비의 지극한 정이라네.

그대의 육신은 다시 흙으로 돌아갔지만, 혼령은 가지 못하는 곳이 없을 것이네. 삶과 죽음, 이승과 저승은 그 이치가 같네. 그대 집안의 형편이 분거分居할 수밖에 없어서, 살아 있을 때 그대가 우리 집에 와서 지냈으니 죽은 뒤에도 이곳으로 영혼이 돌아오는 것이 어찌 순리가 아니겠는가. 그대 아버지께서도 이미 명이 계셨기에 우리 딸아이에게 그대의 장사가 끝나기를 기다려 그대의 신주神主를 가지고 함께 이곳으로 옮겨 오도록 하였네. 딸아이가 몸을 보전하여 그대의 제사를 받들 수 있을 것이니, 그대의 영혼은 구천을 헤매지 말고 저승으로 돌아가기 바라네.

천지는 다할 때가 있지만 이 원통함은 다할 날이 없을 것이네. 너무나 슬퍼서 한 글자 쓸 때마다 눈물이 한 방울씩 떨어지니 제대로 글을 지을 수 없네. 영령英靈이 어둡지 않다면 밝게 들어 주기 바라네.

이 글은 1651년효종 2 46세 때에 지은 글이다. 맏사위 나명좌羅明佐는 나만갑의 손자, 나성두羅星斗 1614~1663의 아들이다. 송준길은 나만갑 집안과 아들, 손자 대에 이르기까지 대대로 친분이 두터워 딸을 시집보내 사돈지간이 되었다.

사위를 위해 쓴 제문에 송준길이 나명좌의 죽음으로 느낀 충격과 슬픔이 고스란히 드러난다. 그리고 홀로 남겨진 딸을 걱정하는 아비의 마음 또한 절절히 묻어나 있다. 나명좌에게 후사가 없었기 때문에 나명좌의 신주와 딸을 함께 데려오도록 한 것은 나명좌의 제사를 딸이 지내도록 함과 동시에 딸이 삶을 이어갈 수 있도록 하기 위한 처사로 보인다. 그러나 이처럼 염려했음에도 나명좌가 죽은 지 14년 뒤인 1662년, 송준길 나이 쉰일곱에 딸이 결국 자결하고 만다. 뒤에 소개한 「과부 딸, 나씨의 며느리에게 고하는 제문」을 함께 읽어 보기 바란다. 임의백에게 보낸 편지에 이어 나명좌를 위한 제문과 자결한 딸을 위해 쓴 제문을 아울러 소개하는 것은, 사위의 죽음과 딸의 자결로 이어지는 삶의 비극을 겪으며 슬픔 속에서 삶을 지탱해 가는 송준길의 모습을 하나하나 짚어 볼 수 있기 때문이다.

과부 딸, 나씨의 며느리에게 고하는 제문
祭孀女羅氏婦文

숭정崇禎 임인년1662 8월 27일은 바로 나씨의 며느리로 과부가 된 딸아이의 발인일이다. 늙은 아비는 병 때문에 가서 영결할 수 없어, 손자 병문炳文과 병하炳夏 등에게 제문을 들고 가서 영구 앞에 고하고 곡하게 하노라.

아, 슬프다. 옛 기록에 "자식이 험난한 처지를 면하지 못하는 것은 부모의 죄이다."라고 하였다. 너를 이 지경에 이르게 한 것은 모두 나의 죄이니, 다시 무슨 말을 하겠느냐. 다시 무슨 말을 하겠느냐. 너의 순수하고 명철한 자질과 정숙하고 단정한 행실로 볼 때 하늘의 도움을 받는 것이 마땅한데도 너의 박명薄命이 이와 같으니, 천지에 대해 서운한 마음이 없을 수 없구나. 옛사람의 "이치는 추측할 수 없고 신은 믿을 수 없다."라는 말이 이런 경우를 가리킨 것인 성싶다.

네가 과부가 된 때부터 너를 집으로 데려와 보살피며 서로 의지해 살고 싶어 한 부녀간의 정이 어찌 끝이 있겠느냐. 다만 형편이 여의치 못해 그리하지 못하였구나. 네가 "살아도 아무 소용이 없으니 차라리 죽는 것이 편하겠습니다."라고 말할 적마다, 나는 너에게 "아비가 살아 있는데 네가 어찌 감히 죽는다는 말이냐. 또 네가 죽은 남편을 위해 후사를 세우려면 네가 살아 있어야 양자 들이는 일도 할 수 있다."라고 하였다. 너는 과부가 된 처음부터 이미 자결할 생각이 있어서 집안사람에게 구제된 적이 여러 번이었다. 그러했기에 네가 그런 마음을 늘 지니고 있음을 염려하여 짐짓 이렇게 말하여 너의 마음을 풀어 주려 했던 것이다.

지금까지 10여 년 동안 네가 참고 살아 주었기에 나는 네가 아비의 말을 믿는 줄로만 생각하였다. 그런데 지금 갑자기 이러한 지경에 이르렀으니, 어쩌면 그렇게 제 생각만 하고 늙은 아비와 시부모는 생각하지 않았단 말이냐. 너는 네 동서가 아들을 낳으면 데려다가 양자로 삼겠다는 마음으로 항상 간절하였다. 그러나 여러 차례의 출산에 모두 아들을 낳지 못하자 이미 오래 살았으니 더 산다고 한들 다시 무슨 희망이 있겠는가라고 생각해서, 앞뒤를 가리지 않고 마침내 자결하고 말았구나.

나는 항상 너를 효성스럽고 우애 있으며 온화하고 너그러우며 사리에 통달한 사람으로 여겨, 너에게 의지하는 마음이 네 오라비에 못지않았다. 그런데 이제 와서 보니 편협하고 융통성 없는 것이 어찌 이리 심하단 말이냐. 네가 해주 관아에서 돌아왔을 때부터* 너를 데리고 와서 만나고 싶던 마음을 밤낮으로 어찌 잊을 수 있었겠느냐. 그러나 집이 가난한 탓에 말이 없어서 마음만 있었지 뜻을 이루지 못했었다. 그러던 중 너 또한 편지에 7월 네 어머니 기일에 오겠다고 하였기에, 마침 고을 원이 되어 올라간 네 오라비에게 내려올 때 너를 데리고 오도록 당부하고는 네가 오기를 손꼽아 기다렸다. 그런데 네 오라비가 아침나절에 너의 집에 도착해 보니 너는 이미 간밤에 죽었더란다. 네가 늙은 아비를 생각지 않고, 또 네 오라비가 당도하길 기다리지 않은 것은 무엇 때문이냐?

어린 네 아우가 어머니를 잃은 뒤로 너를 어미처럼 여겼고, 너 또한 아우를 자식처럼 여겼기에 나는 그것이 항상 기뻤다. 그런데 무엇 때문에 이제 모두 다시 생각지 않았단 말이냐. 옛날부터 충신과 열부는 이미 뜻을 정하면 앞뒤 돌아보지 않고 용감하게 뜻을 이루었다. 이것이 비록 중도中道에 맞는 일은 아니지만, 이 또한 스스로 '의義'를 성취하는 일이었기에 예로부터 옳게 여겨 왔다. 내 너에게만 유독 무엇을 한탄하겠느냐. 그러나 너를 이 지경에 이르게 한 것을 시종 곰곰이 생각해 보면 모두 나의 죄이구나. 옛말에 "비록 운명이라고는 하지만 인사가 그렇게 만든 점도 있다."라고 하였다. 생각이 이에

* 해주……때부터 : 시아버지 나성두가 1661년에 해주 임소에 있었는데, 이때 송준길의 죽은 딸도 함께 머물렀다.

이르니 창자가 마디마디 끊어진다. 이를 어쩌면 좋단 말이냐. 어쩌면 좋단 말이냐.

아, 너의 뜻이나 기개나 풍격으로 볼 때 남자로 태어났다면 우리 가문의 명성을 계승하는 것이 더욱 원대해지지 않았겠느냐. 불행하게도 박복한 여자가 되었지만, 만일 죽음을 조금 늦추고 친정에 와서 내 남은 생을 봉양했다면 노년의 심신이 조금은 편안하지 않았겠느냐. 그러나 이제 모두 허사가 되었구나. 이 모두 내가 과분한 복을 누려 죄가 쌓여서 하늘의 노여움을 샀기 때문이니, 다시 말해 무엇하겠느냐.

네가 땅속으로 들어가는 날이 정해졌다는 소식을 들었다. 이 아비는 늙고 병든 데다 또 형편마저 여의치 못해 가서 영결할 수 없고, 네 오라비도 공무로 갈 수 없기에 네 조카들만 보낸다. 이 또한 사람의 도리로 차마 할 수 없는 노릇이구나.

네 어머니가 나를 버리고 먼저 간 뒤로 지금까지 거의 10년 동안 줄곧 슬퍼하였으나, 지금에 와서 보니 죽어서 아무것도 모르는 너의 어머니가 매우 부럽다. 네가 황천에서 혹 너의 어머니를 뵙거든 부디 나의 이런 심정을 전하기 바란다. 그러나 나의 노쇠함이 심하여 여생이 얼마 남지 않았으니, 황천에 가서 이승에서처럼 가족끼리 단란하게 지낼 수도 있겠구나. 말은 다함이 있지만 정은 끝이 없음을 너의 영령英靈이 부디 헤아려 주기 바란다.

1662년 저자 나이 57세 때, 맏사위 나명좌가 죽은 지 14년 뒤에 과부로 지내던 딸이 자결하였다. 송준길은 사위 나명좌가 죽자 딸을 집으로 데려오려고 노력하였지만, 여러 사정으로 계획이 무산되었다. 양자를 들여 나명좌의 후사를 이으려는 계획도 뜻대로 되지 않았다. 송준길은 딸의 자결을 매우 슬퍼했지만 당시 병으로 입관에 직접 가지 못하고 손자들을 대신 보낼 수밖에 없는 형편이었던 것으로 보인다. 결국 제문만을 써서 보냈는데, 딸의 죽음을 자책하는 아버지의 마음이 고스란히 드러나 있다.

송준길은 이듬해인 1663년 4월에야 딸의 무덤에 가서 곡하였다. 전하는 일화가 하나 있다. 송준길이 딸의 무덤에 곡하기 위해 광주廣州에 머물고 있었을 당시, 별을 관찰하던 성관星官이 "혜성이 아무 자리에 나타났으니, 바로 현인이 나올 형상이다."라고 조정에 보고하였다. 승지들이 그 까닭을 알 수 없었는데, 얼마 뒤에 송준길이 광주에 와서 머물고 있다는 소식이 전해졌다. 당시 승지였던 서필원徐必遠은 평소에 유학자들을 좋아하지 않았는데, 이 말을 듣고 크게 놀라서 "오늘에야 동춘당 어른이 참 군자임을 알았다."라고 하였다. 곧 급히 상소문을 올려 송준길을 모시기 청했지만, 이미 그곳을 떠나 돌아간 후였다. 이 일이 있은 뒤로 서필원은 진심으로 송준길을 존경하고 복종하여 죽을 때까지 변치 않았다고 한다.

『주문작해』 발문
朱文酌海跋

『주문작해』 16권 8책은 우복 정경세 선생께서 선정選定한 것이다. 『주자대전』에는 모든 것이 광범위하게 실려 있어 없는 것이 없지만, 학자들이 그 가장자리조차 엿보기가 쉽지 않다. 그러므로 퇴계 선생께서 그 편지글 중에서 뽑아 『주자서절요』 10책을 만드셨으니, 진실로 초학자들에게 방향을 지시하는 더할 나위 없이 좋은 책이다. 그러나 상소부터 비문까지 다른 글을 하나도 뽑지 않은 점에 대해서는 학자들이 아쉽게 여겼다.

우복 선생은 평소에 주자의 글을 매우 좋아하였다. 항상 "주자의 글은 해와 별처럼 빛나고 강과 바다처럼 드넓어 의리와 문장이 찬란하게 갖추어져 있다. 천고 이래로 일찍이 이런 글이 없었으니, 문장으로 이름난 다른 사람들은 거의 남의 이목을 즐겁게 하는 배우와 같다."라고 하면서, 입이 고기를 좋아하듯 깊이 연구하였다. 심지어 병으로 숨이 거의 끊어질 듯하여 세상만사를 모두 잊은 때에도 이야기가 이 글에 이르면 정신이 또렷해져서 몇 줄의 글을 들어 그 뜻을 충분히 설명한 뒤에야 그만두셨다. 선생이 이 글을 좋아하는 것은 타고난 천성이라 하겠다.

선생은 일찍이 여가에 주자의 글 중에서 더욱 중요한 의리와 관계되고 절실히 수용해야 할 글들을 손수 뽑아 이 책을 편찬하였다. 그 글을 깎아 내고 줄이는 사이에도 각각 기준이 있었으니, 이 책은 실로 퇴계 선생이 뽑은 『주자서절요』와 서로 호위병이 된다고 할 수 있다. 이 책 중 편지 1책은 『주자서절요』에서 빠진 부분을 보완한 것이다.

박학한 선비에게는 『주자대전』이 있으면 되지만, 만약 정력이 부족하여 뽑아서 묶은 글을 보아야 한다면 먼저 이 두 책을 가지고 아울러 보면서 익숙하도록 반복해 읽고 뜻을 모두 관통하여 그 문장의 맥락을 깨닫고 그 규모를 바르게 해야 한다. 그런 뒤에 미루어 올라가서 모든 이치를 자세히 깨닫고 두루 통한다면 주자 학문의 중요한 뜻인 심오한 의리와 신묘한 운용을 거의 알게 될 것이다.

선생께서 이 책에 스스로 발문을 붙이지 않은 데는 숨은 뜻이 있는 듯하다. 그러나 이 책이 세상에 유행한 지 여러 해인데도 누구의 손에서 나온 것인지조차 모르는 사람이 더러 있다. 그러므로 감히 분수에 넘는 일임은 생각지 않고 그 전말을 이상과 같이 기록한다.

이 글은 1653년48세에 송준길이 우복 정경세가 편집한 『주문작해』를 위해 쓴 발문이다. 송준길은 1642년에 『연평문답』의 교정을 시작으로 1648년과 1653년 두 차례에 걸쳐 우암 송시열과 함께 『근사록석의』를 교정하였다. 1665년에는 『심경』의 구두를 정리해서 올렸고, 다음 해에는 『연평문답』의 발문을 지었으며, 1667년에는 명을 받아 『소학언해』를 교정해 올렸고, 1669년에는 『어록해』의 발문을 지어 올렸다.

이를 통해 송준길은 오랜 기간 성리학의 중요한 저작을 공부하며 아울러 교정하고 발문도 지었음을 알 수 있다. 또한 경연에서 유독 성리학에 관련된 서적을 많이 강독한 것도 이와 무관하지 않다. 우리나라 철학사에서 주자의 경학이 큰 영향력을 가지게 된 배경에는 송준길의 이러한 노력이 주요한 역할을 하였다.

내 집의 기문記文을 부탁하며
上浦渚趙先生翼

양기가 돌아와 만물이 새로워지는 이때 선생님의 도체道體와 기거가 신명의 도움으로 만복을 아울러 받으셨는지요? 남극노인성을 바라보며 삼가 재배하고 하례드립니다.*

설 전에 선생님께서 손수 써서 보내신 답서를 받아 보니, 지면에 가득히 간절한 가르침이 몽학蒙學인 소생으로서 쉽게 얻을 수 있는 말이 아니기에 감격스럽고 황공스러운 마음 형언할 바를 몰랐습니다. 열 겹으로 단단히 싸서 상자 속에 간직해 두고서 때때로 꺼내 읽어 보는 것만으로도 대감을 사모하는 저의 마음이 조금은 위안됩니다.

그러나 소생의 나이가 거의 오십이 되어 가는데, 고질병은 날로 깊어지고 옛날에 배운 학문은 점점 황폐해져서, 가르쳐 주고 기대하시는 대군자大君子의 고마운 뜻에 부응할 수 없음이 부끄러울 뿐입니다. 자신을 돌아보건대 아득하기만 하여 진보할 방법을 모르겠습니다. 시종 가엾게 여겨 통렬히 가르

* 남극노인성을……하례드립니다 : 남극노인성은 별자리 이름으로, 행복과 장수를 주관한다. 송준길이 이때 이미 74세가 된 포저 조익의 무병과 장수를 기원한 말이다.

쳐서, 군자의 버림을 받아 소인이 되는 것을 면하게 해 주신다면 그 두터운 은혜를 또 어찌 보답하겠습니까.

늘 생각하기에, 사문斯文이 쇠퇴하고 정론正論이 소멸된 이때 오직 선생님만이 홀로 영광전靈光殿*처럼 우뚝하여 명망이 북두北斗처럼 높고 이름이 주조朱鳥*에 오르신 것은 아마도 하늘의 뜻일 것입니다. 그러나 소생이 병든 몸으로 멀리 있다 보니 조석으로 문하門下에서 모시면서 못다 한 가르침을 마칠 수 없으므로 만감이 교차하여 한밤중에도 잠을 이루지 못합니다. 철마다 보중하여 소생의 마음을 위로하소서.

어떤 이가 전하는 말에 의하면, 선생님께서 지으신 연평부원군의 비문에 추숭의례追崇議禮 문제로 사계 선생을 매우 준엄히 공격한 곳이 있다고 하는데 사실인지요? 아마도 이는 연평부원군의 본래 문장을 싣다 보니 그렇게 된 것으로 생각합니다. 그러나 이는 실로 금인今人에게 보이고 후인에게 전할 큰 문자여서 관계되는 바가 적지 않으니, 다시 헤아리고 거듭 고쳐서 사실만을 기록하고 필요 없는 말들은 삭제하여 후세의 공론을 기다려야 하지 않겠는지요? 이는 사계 선생이 소생

* 영광전靈光殿 : 서한西漢 때 노 공왕魯恭王이 지은 많은 궁전이 누차 전란을 겪는 동안 다 없어졌으나, 영광전만은 홀로 남아 우뚝하게 서 있었다고 한다. 그 후로 난세에 의연히 살아남아 세상을 교화하는 훌륭한 사람을 비유하는 말로 자주 쓰인다.
* 주조朱鳥 : 서한 때의 궁전 이름으로, 여기서는 명신들의 공덕을 기리기 위해 벽에 그들의 초상화를 걸었던 기린각麒麟閣의 의미로 쓴 것이다.

의 스승이라 하여 사심으로 하는 말이 아니니, 헤아려 살피고 나무라지 않으실 줄로 생각합니다.*

소생의 7대조 쌍청공雙淸公 휘諱 유愉께서 태종조에 벼슬을 버리고 시골로 내려와 회덕에 살면서 당 한 채를 지어 그곳에서 노년을 보내셨습니다. 바로 '쌍청당雙淸堂'이라는 곳인데, 난리 뒤에 중수해서 지금까지 남아 있습니다. 자손이 번성하여 지금은 더욱 번창해졌기에 그 고장 사람들이 그 마을을 '송촌宋村'이라 부릅니다.

소생이 살고 있는 집이 그 상류에 있는데, 쌍청당과 겨우 5리 거리입니다. 선친께서 이곳에 당 한 채를 세웠는데, 두 칸에는 구들을 놓고, 네 칸은 터서 넓은 대청으로 만들어 겨울과 여름으로 거처하기 편하도록 꾸몄습니다. 그러나 병자년1636 이후로 매우 심하게 퇴락하였기에 소생이 계미년1643 봄에 본래 있던 곳에서 동쪽으로 조금 떨어진 개울 근처에 옮겨 세우니, 서쪽에 있는 계룡산과 남쪽에 있는 봉무산이 모두 이 당을 마주 대하게 되었습니다. 이 당을 '동춘同春'이라 이름 지었습니다. 대체로 만물과 더불어 봄을 함께한다는 뜻입니

* 이는……생각합니다 : 이에 대해 조익은 "나는 본디 추숭追崇하는 일을 옳게 여기지 않은 사람입니다. 그러나 당시에 진달한 소장과 차자가 지금 모두 남아 있는데, 어떻게 오늘날에 와서 거꾸로 사계 선생을 공격할 리가 있겠습니까. 세간에서 말을 전하는 자들이 매번 모함하려는 생각을 갖고 있으니 가소로운 일입니다."라고 답하였다. 『포저집浦渚集』「답송명보서答宋明甫書」에 보인다.

다. 그러니 만일 가르침의 뜻을 담아 기문을 지어 주신다면, 삼가 문 사이에 걸어 두고서 드나들 때 살피면서 직접 가르침을 받는 대신으로 삼고 싶습니다. 또 자손에게 전하여 영원히 보배로 삼도록 하겠습니다. 그러므로 감히 외람됨을 잊고 청해 올립니다.

이 편지는 1653년, 송준길이 48세 때에 포저 조익에게 동춘당의 기문을 부탁하며 올린 것이다. 송준길은 1651년에 고향의 옛집을 새로 짓고 '동춘당同春堂'이라는 편액을 걸었다. 편지에도 밝혔듯이 '동춘'은 '여물동춘與物同春', 즉 만물과 봄을 함께한다는 의미이다. 송준길의 호 '동춘'도 여기에서 온 것이다. 조익이 지은 「동춘당기」가 현재 『포저집』에 남아 있는데, 내용 중에 '춘春'과 '동同'의 의미를 풀이한 부분을 소개한다.

하늘의 덕에 네 가지가 있는데 그중에 '원元'이 으뜸이 되고, 기운의 유행도 사계절이 있는데 그중에 '봄'이 으뜸이 된다. 그렇다면 '봄'은 '원'의 덕이 계절에 적용되어 행해진 것이다. 사람의 '인仁'이라는 것도 바로 여기에서 나온다. 그러므로 '원'과 '봄'과 '인'은 하나이다. 정자가 말하기를 "마음이 조용해진 뒤에 만물을 보면 모두 '봄의 뜻'을 지니고 있다."라고 하였고, 또 말하기를 "만물의 생의生意가 가장 볼만하다. 이 '원'이라는 것은 뭇 선의 으뜸이 되니, 이것이 이른바 '인'이다." 라고 하였다.

천지는 만물을 낳는 것을 마음으로 삼는데, '원'은 천지가 만물을 낳는 마음이며 '봄'은 천지가 만물을 낳는 기운이다. 만물이 모두 천지의 기운을 받아서 나오기 때문에 만물 모두에 생의가 있다. 이른바 '봄의 뜻'이 바로 '생의'이다. '인'은 사람이 만물을 내는 마음이다. 송군이 '동춘同春'으로 당의 이름을 지었으니, 그의 뜻이 인을 추구하는 데에 있음을 알 수가 있다.

'인'은 천지의 공평무사한 마음이고, 모든 선善의 근본이다. 송군의 뜻이 바로 여기에 있으니, 그 뜻이 어찌 크지 않은가. 성인 문하의 제자들이 인을 구하는 것을 임무로 삼았지만, 오직 안자顔子만이 석 달 동안 인에서 떠나지 않을 수 있었다. 이것이 바로 안자가 성인의 경지에 가까운 이유이다. 정자가 또 그를 '춘생春生'이라고 하였으니, '인'이 '봄'과 같음을 더욱 알 수가 있다.

이 이치는 사람마다 균등하게 받은 것이다. 군자는 남과 자신 사이에 차이를 두지 않기 때문에, 일단 자신이 터득하고 난 뒤에는 또 반드시 다른 사람들과 공유하려고 한다. 그리하여 이 이치를 균등하게 받은 사람들이 모두 터득하게 하려고 하니, 이것이 바로 군자가 즐거움으로 삼는 일이다. 송군이 당의 이름을 '동춘'이라고 지은 뜻이 바로 여기에 있을 것이다.

아내의 상에 보여 주신 후의에 감사하며

答李士深

준길은 재배하고 이 글을 올립니다. 저의 집이 불행하여 아내가 고질병으로 끝내 일어나지 못하고 죽으니, 노년의 병중에 40년을 함께 살아온 조강지처에 대한 그리움을 더욱 견딜 수 없습니다. 사람 수명의 장단은 천명이어서 비통해한들 소용이 없음을 모르는 바 아니나, 어린 자식과 홀로된 딸을 볼 때마다 마음이 아파서 사리를 헤아려 슬픔을 억제하려 해도 누를 수가 없습니다.

그런데 거듭 조우趙友 조석윤마저 이렇게 일찍 죽으니, 이는 세운世運에 관계된 일이라 어찌 저 개인의 슬픔일 뿐이겠습니까. 그러나 며늘아기가 반달 사이에 거푸 두 초상을 당하였으니, 사람의 도리로 볼 때 어찌 견딜 수 있겠습니까. 오직 아무것도 모르고 아무 그리움도 없는 죽은 사람이 부러울 뿐입니다.

아내가 병을 앓고 있을 때 누차 진귀한 약재를 보내 주신 것은 실로 지극히 고마운 뜻에서 나왔으니, 비록 천명이 다하였기에 살리지는 못했지만 죽은 아내나 살아 있는 저나 결초보은하고자 하는 마음은 이루 다 말할 수 없습니다. 맨 나중에 보내 주신 호박琥珀은 앓고 있던 아내도 보고서 진귀하다고 하였기에 그것을 반함飯含에 사용하였으니, 슬픈 감회가 더욱 지극합니다.

상을 당한 뒤에 주신 세 통의 편지가 차례로 도착하였고 아울러 부의賻儀까지 주셨으니, 전후의 간절한 정성이 어쩌면 여기까지 이르렀습니까. 감격스러워 눈물이 흐릅니다. 이곳의 저는 비통 속에 근근이 지내고 있습니다만, 가장 염려되는 일은 어미를 여읜 아들아이가 매우 쇠약하여 아무리 보살펴도 지탱하지 못할 것 같은 점입니다. 추위가 점점 닥쳐오는데 온갖 생각이 가슴을 메워 저도 모르는 사이에 기운이 소진되어 감을 느끼겠으니, 장차 큰 병을 앓을 것만 같습니다. 이 일을 어찌면 좋겠습니까.

이 밖의 많은 일은 모두 묵묵히 마음속으로 이해하시기 바랍니다.

이 편지는 1655년50세에 별세한 부인 정씨의 상에 큰 위로와 도움을 준 이후원李厚源 1598~1660에게 감사를 전하는 것이 주된 내용이다. 7월에 부인 정씨가 사망하고, 이어 8월에 조석윤이 죽었다. 부인 정씨는 우복 정경세의 딸로, 송준길은 18세 때인 1623년에 정씨와 혼인하여 슬하에 1남 2녀를 두었다. 그런데 아내가 죽은 지 한 달 만에 사돈이자 벗인 조석윤도 세상을 떠났다. "며늘아기가 반달 사이에 거푸 두 초상을 당하였으니, 사람의 도리로 볼 때 어찌 견딜 수 있겠습니까."라고 적은 글에서 시어머니와 친정아버지의 상을 잇따라 겪게 된 며느리의 처지를 안타까워하는 송준길의 마음이 느껴진다.

세상 떠난 조석윤의 초상을 염려하며

與閔公瑞蓍重大受鼎重持叔維重

옛사람이 "덧없는 인생, 잠시 세상에 머물러 있는 것이다."라고 한 말이 본래 거짓이 아님은 알고 있었지만, 내가 결국 이 지경에 이를 줄은 생각지 못하였네.

낙정樂靜 조석윤趙錫胤의 죽음은 시운時運과 세도世道에 관계된 것이니, 어찌 나 한 사람의 사사로운 애통함일 뿐이겠는가. 이 사람이 여기에서 그치고 말았으니, 조정과 백성에게는 믿고 따를 만한 사람이 없어진 것이고, 우리에게는 의지할 중요한 분이 사라진 것이네. 비록 하늘을 원망하고 남을 탓하지 않으려 해도 어찌 그럴 수 있겠는가.

그의 사후가 처량한 것을 생각하면 흐르는 눈물을 더욱 금할 수 없네. 초상의 제반사를 어떻게 치른단 말인가. 우리 여러 집안과 관계가 얼마나 깊은가. 그런데도 가서 조곡弔哭도 할 수 없는 형편이네. 편지를 대하고 있자니 그저 슬픔으로 오장이 끊어지네. 이만 줄이네.

1655년 8월에 조석윤의 사망 소식을 듣고 그 초상을 치르는 일이 염려되어 조석윤 처가의 민씨 형제들에게 보낸 편지로 보인다. 송준길은 아들 송광식宋光栻을 조석윤의 딸과 혼인시켜 그와는 절친한 벗이자 사돈지간이었다. 한 달 사이에 부인과 벗을 한꺼번에 잃었고, 송준길의 집안에 시집온 조석윤의 딸은 시어머니와 아버지의 초상을 동시에 당하였다. 다음 글은 조석윤을 저 세상으로 보내면서 지은 추모시이다.

말년에 누가 좋은 벗 되어 주었나	末路誰良伴
서로 기대한 친구는 오직 그대뿐	相期獨有公
우정은 가깝고 먼 거리쯤은 잊었고	神交忘近遠
마음은 곤궁에도 영달에도 한결같았죠	心事等窮通
여태 살아 있는 것이 되레 누가 되네요	後死飜爲累
남은 생 누가 있어 함께하나요	餘生孰與同
진췌시* 길게 읊조리며	長吟殄悴雅
여운을 서글픈 바람에 부칩니다	遺響托悲風

* 진췌시 : 진췌殄悴는 원래 『시경』「첨앙瞻卬」 편의 시어로, 훌륭한 사람이 죽어 온 나라가 고달파진다는 의미이다.

동부승지를 사직하는 상소

辭同副承旨疏

삼가 말씀드립니다. 신이 지난달 그믐날, 삼가 승정원이 성지를 받들어 성첩해 보낸 서장을 받아 보니, 신을 사헌부 집의로 삼고 신에게 급히 역마를 타고 올라오도록 한 내용이었습니다. 그러나 신은 병세가 바야흐로 깊어 몸을 일으킬 길이 없으므로 외람되이 사직 상소를 올리고서 삼가 이끌어 주시기를 기다리고 있었는데, 뜻밖에 계속해서 이달 3일에 또 신을 승정원 동부승지로 삼는다는 은혜로운 성지를 받았습니다. 며칠 사이에 특별한 성은을 거푸 내리시어 두터운 은총이 더없이 크고 깊으니, 신은 스스로 돌이켜 보건대 너무나 뜻밖이어서 정신이 어리둥절합니다.

신이 생각해 보건대, 옛날 제왕들이 사람을 등용한 방도는 모두 재목을 헤아려 그 그릇에 맞게 임용하는 것이었으니 그릇이 큰 자에게는 큰일을 맡기고 작은 자에게는 작은 일을 맡겼습니다. 이는 마치 들봇감, 서까랫감, 짧은 기둥감, 대공감, 빗장감, 문설주감 등이 각각 제자리에 쓰이는 것과 같습니다. 따라서 벼슬하는 선비들도 반드시 스스로 자신의 능력과 분수를 헤아려, 분수에 맞지 않거나 재능이 미치지 못하거나 의리에 편안하지 않은 관직이면 사직하였습니다. 그리하여 등용과 파직이 사리에 맞고 현자와 불초한 자가 각각 알맞은 관직을 얻어서 예를 지켜 사양하여 통치의 도가 이루어졌던 것입니다. 만약 이렇게 하지 않고서, 사람을 등용함에 그 재능에 알맞은 자리를 헤아리지 않으며 직임을 받음에 그 능력이 감당할 수 있는가를 생각하지 않고서 윗사람은 한때의 허명만을 과시하고 아랫사람은 분수에 넘는 영리만을 탐한다면, 사람을 잘못 등용한다는 걱정이 생기고 염치를 무릅쓰면서 함부로 벼슬에 나아간다는 비난이 일어 상하가 함께 해를 입을 것입니다. 아, 삼가지 않아서야 되겠습니까.

신은 본래 용렬하고 어리석은 하등의 사람으로 잘하는 것이라곤 하나도 없는데, 다만 젊어서 스승과 벗들과 어울렸던 일만 가지고서 사람들이 한두 가지 얻어들은 것이 있으리라 생각하여 가당치도 않게 유학자라는 이름을 붙여 아무 생각 없이 함부로 칭찬하여 천거하였습니다. 그런데 선대왕께서 선비를 구하는 데 급한 나머지 따져 보지도 않고 갑자기 6품으로 발탁하여 이내 대각에 앉히시니, 신은 이에 두렵고 부끄러워 감히 당돌하게 받아들일 수 없었습니다. 그런데 전하께서 즉위한 초기에 이르러서는 천고에 없는 지나친 은전을 내려 품계를 건너뛰어 동부승지에 앉히셨으니, 반드시 사람의 비난과 귀신의 질책이 이를 것입니다.

실속도 쓸모도 없고 망녕되어 교사스러운 신의 실상이라면 성상께서도 반드시 다 살피고 계시리라 생각합니다. 그런 데다가 신에게는 고질병이 있어 일찍부터 몸이 쇠약해져 벼슬에 나아가도 아무 도움이 되지 못했습니다. 그리하여 오직 물러가서 스스로의 뜻을 지키며,* 전하께서 쇠미해진 국운을 다시 일으키고 난리를 평정하여 국가를 잘 다스리시어 태평의 교화에 흠뻑 젖고 선왕의 은택을 노래할 때가 오기만을 생각할 뿐, 이 밖에는 실로 추호도 딴생각이 없었습니다.

그런데 뜻밖에 성상의 돌보심이 갈수록 더욱 융숭하여 저를 버리지 않고 불러올려, 덕이 있는 자에게 내려야 할 벼슬에 제수하고 대부의 반열에 앉히셨습니다. 이 자리는, 조정에서 밤낮으로 국사에 힘을 다하는 어진 신하와 사림의 나이가 많고 덕이 높은 유학자로서 재능과 명망이 드러나서 온 세상의 존경을 받는 사람이 아니고서는 감당할 수 없습니다. 그런데 신처럼 재주도 학식도 없는 어리석은 한 사내가 아무 도움도 드리지 못한 채 평생 편안히 앉아만 있다가 갑자기 이런 자리를 얻었으니, 근고 이래로 어찌 이런 일이 있었겠습니까.

* 스스로의 뜻을 지키며 : 원래의 표현은 '자정自靖'으로, 각자 자신의 뜻을 행하기를 도모한다는 말이다. 이 '자정'이라는 말은 민감한 표현이었던 듯하다. 다음의 윤선거에게 보낸 편지를 보면 상소에 이 말을 쓴 것을 지적받고 있다.

대부를 부르는 깃발로 궁궐 동산 관리를 부르는 것은 동산 관리에게 지극한 영광일 텐데, 그가 죽어도 감히 가지 않은 것은 어째서입니까?* 귀천의 분수가 각각 정해져 있기 때문입니다. 귀천도 그러한데 하물며 어진 자와 불초한 자는 어떻겠습니까.

오늘날 국경에 사변이 많아 근심스러운 일이 한두 가지가 아니니, 작은 벼슬이라도 아끼고 신중히 생각하여 반드시 덕이 있거나 공이 있는 사람에게 제수해서 신하들을 격려하는 것이 마땅합니다. 하물며 이처럼 높은 하대부下大夫의 품계가 어떤 벼슬인데 공도 없고 합당하지도 않은 사람에게 함부로 제수하여 안팎의 인심을 흩어지게 하고 지식인들이 한심하게 여기게 하십니까.

신의 질병과 우환은 말할 계제가 아닙니다마는, 얼마 전에 집안의 상을 만나* 비통해한 나머지 묵은 병이 점점 더해졌습니다. 비록 힘써 달려가서 성은에 사례하고자 해도 방법이 없습니다. 바라건대, 성상께서는 옛 제왕들이 사람을 등용하던

* 대부를……어째서입니까 : 춘추 시대에 제 경공齊景公이 사냥할 적에 가죽 모자가 아닌 깃발을 흔들어 동산 관리를 부르니, 동산 관리를 부르는 가죽 모자로 부르지 않고 대부를 부르는 깃발로 부른 것은 의리가 아니라 하며 죽음을 무릅쓰고 가지 않았다는 고사가 있다. 선비는 임금이 예를 다해 초빙한 뒤에 출사하고, 그렇지 않으면 의리를 지켜 나아가지 않는다는 뜻이다. 『맹자』「등문공 하」에 보인다.

* 집안의 상을 만나 : 이해 7월에 부인 정씨가 죽은 것을 말한다.

방도를 생각하고 미천한 신의 병약한 형편을 살펴서 내리신 직위를 속히 환수하여 어리석은 신의 분수를 편안하게 하고 세도世道를 다행하게 하소서.

이 상소는 1655년 11월에 동부승지로 승급되자 사직을 청하며 올린 글이다. 이때 효종은 송준길을 통정대부로 승급하고 승정원 동부승지에 임명한다. 송준길이 사직을 청하자, 효종은 "그대가 이렇게까지 고사하는 것은 나에게 미진한 바가 있어서 그럴 테니 너무도 부끄럽다."라고 말하며 그의 사직을 허락하지 않았다. 그 뒤 송준길은 재차 상소해 사직을 청하였고, 효종은 그의 고사에 서운한 마음을 표하며 일단 체직하고 날이 따뜻해지면 올라오기를 당부하였다. 다음에 이어지는 윤선거尹宣擧 1610~1669에게 보낸 편지를 보면 효종의 비답 내용 때문에 황송한 마음을 가진 것으로 보인다.

사직 상소문의 두 글자에 대하여

與尹吉甫

근자에 서울 걸음을 하시리라고는 저로서는 애당초 상상도 못했던 일입니다만, 스스로 깊이 헤아리셨을 것으로 생각합니다. 이것도 혹 하나의 도리일 테니, 어찌 큰 낭패에 이르겠습니까. 세간의 근거 없는 논의는 신경 쓸 것이 없습니다.

그러나 허물을 자신에게 돌리는 일은, 제 생각에 한 차례 사정을 아뢴 것으로 충분한데 무엇 때문에 매양 다시 거론하십니까? 또 무엇 때문에 이 일로 평생을 스스로 폐인으로 지내려 하십니까? 고집이 너무 지나친 듯하여 매우 염려됩니다. 그리고 형께서 전후에 올린 상소의 첫머리 말은 실로 계속하기 어려운 도리이니, 장차 어떻게 수습하실 작정이십니까? 항상 우려됩니다.

저의 상소에 대해 그동안 내리신 성상의 비답이 매우 황감하여 몸 둘 바를 모르겠습니다. 형께서는 무어라고 가르침을 주시려는지요?

'자정自靖'이라는 글자를 아무 뜻 없이 우연히 썼습니다만, 주신 편지를 받아 보고서 망발임을 깨닫고는 깜짝 놀랐습니다. 상소의 초본은 본가에 두었지만 비답은 마침 이곳에 있기에 보내 드립니다.

지난밤 꿈에 형과 정답게 이야기를 나누었으니, 이것이 어찌 정신이 서로 교감해서가 아니겠습니까. 깨고 나니 서글펐습니다.

윤선거는 병자호란 당시 강화도에서 혼자만 탈출하여 살아남은 일로 평생 자책 속에서 살았고, 자신뿐만 아니라 형제와 아들까지도 관직에 나아가지 않을 것을 고집하였다. 윤선거에게 보낸 이 편지에는 평생 폐인으로 지내려는 듯한 그의 행보를 조심스럽게 우려하고 있다. 편지에서 언급하고 있는 글은 앞서 소개한 「동부승지를 사직하는 상소」로, 내용 중에 '자정自靖'이라는 표현에 대해 윤선거가 지적한 듯하다. 이 표현은 윤선거가 1655년 12월 초에 쓴 「일기」 중에 다시 한 번 나온다. 신상申恦이 윤선거가 이해에 올린 상소에 강화도에서 욕되게 살아남은 일을 거론한 데 대해 혀를 차며 놀랍다고 말하자, 윤선거는 "포위를 당했을 때 그대가 나에게 '각자 자신의 뜻을 행하기를 도모합시다.各自靖'라고 했었지. 난 지금도 한밤중에 이 일을 생각하면 나도 모르게 부끄러워 얼굴이 붉어진다네. 그런데 지금에 와서 그대가 도리어 나더러 치욕을 참는 사내가 되라고 권할지 몰랐네."라는 답을 보냈다. 윤선거는 송준길이 상소에서 이 표현을 쓴 것을 질책한 듯한데, 윤선거가 송준길에게 보낸 편지가 남아 있지 않아 어떤 의미에서 발언한 것인지 알 수 없다. 다만 송준길은 윤선거의 의견을 받아들여 자신의 잘못을 인정하고 있다.

양복일*에 경계를 진달하는 상소
陽復日陳戒疏

삼가 말씀드립니다. 신이 듣건대, 옛날의 임금들은 때마다 일마다 더욱 경계하고 반성하여 조금도 스스로 태만한 적이 없었습니다. 그래서 옛날의 신하들도 때마다 일마다 충간忠諫하기를 잊지 않아 정성을 다해 간절히 간언하기를 스스로 그만둘 수 없었다고 합니다. 이것이 바로 건곤乾坤이 서로 돕고 상하가 서로 친밀해지는 도리입니다. 장구령張九齡이 『천추금감록千秋金鑑錄』을 올리고 진덕수眞德秀가 군왕의 장수를 경하할 때 규계規戒를 올린 것이 이와 같습니다.

신은 용렬하고 누추한 몸으로 외람되이 두터운 은총을 입어 경연과 서연書筵에서 시강侍講한 지가 지금 몇 달이 되었습니다. 그런데도 하해와 같은 성은에 조금도 보답하지 못해 마음이 항상 부끄럽고 두려워 마치 천 길 나락으로 떨어지는 것 같습니다. 세월은 덧없이 흘러 어느덧 일양一陽이 회복하는 절기인 오늘이 되고 보니 시절에 대한 감회가 일어납니다.

* 양복일 : 일양一陽이 처음 생기는 동짓날을 가리킨다.

근심스러운 마음을 견딜 수 없어 평소 고서古書 속에서 익힌 것을 가지고 성상을 위해 한번 진달하겠습니다.

대체로 선유의 말을 상고해 보면, 박괘剝卦는 9월의 괘이고 곤괘坤卦는 10월의 괘입니다. 박괘의 양陽이 다 소멸되어 곤괘가 되면, 천지 사이에 음기陰氣가 충만하여 일원一元이 만물을 생성하는 마음도 거의 소멸됩니다. 그러나 양은 다 없어지는 이치가 없어서 위에서 변하면 아래에서 생겨나기 때문에 11월 동지일冬至日이 되면 일양이 다시 땅속에서 생겨납니다. 그러므로 「복괘復卦 단사彖辭」에 "복復에서 천지의 마음을 볼 수 있다."라고 하였습니다. 또 소옹邵雍의 시에,

동짓날 자시 정각	冬至子之半
하늘의 중심 움직이지 않은 곳	天心無改移
일양이 처음 발동한 곳	一陽初動處
만물이 아직 생기지 않은 때*	萬物未生時

라고 하였습니다. 정자의 말에 "음도陰道가 극성할 때는 세

* 만물이……때 : 4월의 순양純陽이 5월부터 음陰에게 깎이기 시작하여 10월에 이르면 양이 다 깎이어 순음純陰이 된다. 그러나 11월 동짓날 자시子時 정각에 이르면 다 깎였던 양이 아래에서 되살아나니, 여기에서 만물을 끊임없이 생성하는 천지의 마음을 볼 수 있다. 그러나 이때는 일양이 비로소 발동하기는 하였으나 아직 만물이 생겨나는 시기는 아니라는 뜻이다.

상이 혼란함을 알 수 있고, 혼란이 극에 달하면 자연히 다스려지기를 생각한다. 그러므로 『시경詩經』의 「비풍匪風」과 「하천下泉」이 국풍國風의 끝에 놓인 것이다." 하고 또 말하기를 "양陽은 군자의 도이기 때문에, 양이 소멸해 극에 이르면 다시 되돌아오듯 군자의 도가 소멸해 극에 이르면 다시 자라난다. 그러므로 복復이 선善으로 돌아오는 뜻이 된다."라고 하였고, 주자朱子의 말에 "사람의 경우는 정靜이 극에 이르면 동動하고 악惡이 극에 이르면 선善해지므로 본심이 거의 없어졌다가 다시 나타나는 단서가 된다."라고 하였습니다. 신이 매양 글을 읽다가 이 대목에 이르면 세 번 반복하고 감탄하며 눈물을 흘리지 않은 적이 없었습니다.

대개 천도天道에는 음이 소멸하면 양이 회복되는 이치가 있고, 시운時運에는 혼란이 극에 달하면 다스려지기를 생각하는 운수가 있으며, 인사人事에는 선으로 돌아와 스스로를 새롭게 하는 뜻이 있습니다. 따라서 천도를 잘 관찰하는 자는 그 이치를 믿고, 시운을 잘 아는 자는 그 운수를 미루어 헤아리고, 인사를 잘 닦는 자는 그 의리를 살핍니다. 아, 지금 이 세 가지의 책임이 모두 우리 전하께 있습니다. 천도로 말하면 이때에 음의 기운이 다하고 양의 기운이 돌아오며, 시운으로 말하면 대란大亂이 극에 이르러 인심이 다스려지기를 생각합니다. 마침 성상께서 즉위하신 지 10년이 되었으니 실로 천도가 한 바퀴 돌아 회태回泰의 시기가 바야흐로 시작되는 때입니다. 또 인사로 말하면, 성상께서 어루만져 다스리시니 모든 사람의 마음이 우러러 기대하며, 구습을 혁파하고 새로운 정치를 도모하시니 사람들이 잘 다스려지기를 바랍니다. 이는 굶주린 자가 밥을 원하고 목마른 자가 물을 구하는 것, 그 이상입니다. 오직 지금만이 일을 절반만 해도 공이 갑절이 되는 때입니다.

생각건대, 성상께서는 앞으로 어떻게 이 책임을 다하고 하늘과 사람의 기대에 부응하려 하십니까? 신은 바라건대, 성상께서는 오늘 양이 자라나는 뜻을 생각하시고 쉼이 없는 천도天道의 강건함을 본받으십시오.

성상의 학문이 나날이 새로워지게 하실 수 있겠습니까? 성상의 덕성이 나날이 새로워지게 하실 수 있겠습니까? 성상의 공경이 나날이 새로워지게 하실 수 있겠습니까? 하늘의 경계를 두려워하는 마음이 나날이 새로워지게 하실 수 있겠습니까? 백성의 고통을 가여워하는 마음이 나날이 새로워지게 하실 수 있겠습니까? 분노를 누르고 사욕을 막아 허물을 고치고 선으로 나아감이 나날이 새로워지게 하실 수 있겠습니까? 분발하고 단련하여 국운의 회복을 도모함이 나날이 새로워지게 하실 수 있겠습니까? 공과 사를 자세히 살피고 옳고 그름을 밝게 분변함이 나날이 새로워지게 하실 수 있겠습니까?

이러한 뒤에야 인애仁愛하는 하늘의 마음에 보답하고, 조상께서 부탁하신 책임을 다하여, 신민들이 우러르고 기대하는 마음에 부응하실 수 있습니다. 바라건대, 성상께서는 항상 이를 염두에 두시고 항상 이를 구하시며 항상 이를 말씀하시며 항상 이를 믿으십시오. 그리하신다면 실로 종묘와 사직, 귀신과 사람 모두의 복이 될 것입니다.

1657년 52세 때에 올린 상소로, 일양이 처음 생기는 동짓날에 즈음하여 효종에게 올린 경계의 글이다. 동지가 지나 이제 양의 기운이 생겨나기 시작하는 때이니, 천도, 시운, 인사의 세 가지 측면에서 효종의 정치가 세상을 크게 일으키리라는 기대이자 당부의 말을 담았다. 송준길이 올린 이 상소에 대해 효종은 깊이 감탄하며 "내 비록 불민하나 어찌 노둔한 재주를 다해 이 뜻을 따르지 않겠는가. 나날이 새롭게 하는 여덟 조목을 올린 것은 진실로 임금에게 어려운 일을 하도록 요구하고 선을 진달하는 뜻이니, 자리 한쪽에 써 붙여 놓고서 항상 보고자 한다."라는 비답을 내렸다. 효종의 감탄처럼 상소의 말미에 기록된 '나날이 새로워지는日新' 여덟 조목의 울림이 매우 크다. '나는 진정 어제와 다른 나인가? 어제보다 나아진 새로운 나인가?' 이러한 반성의 질문이 반드시 조선 시대의 국왕에게만 해당되지는 않을 것이다.

임금의 스승으로서
與李士深

며칠 동안 직접 쓰신 편지를 받아 보지 못하니, 그립고 답답한 마음 견딜 수 없습니다. 대감께서는 이미 쾌차하여 조정에 나와 직무를 보고 계시는지요? 이 아우는 강원講院에 묵으면서 연일 경연에 들어가다 보니, 항상 근심스럽고 두렵습니다. 내일 회강會講이 끝난 뒤에는 가서 뵈올 생각입니다.

사계 김장생 선생에게 특별히 증직하는 일에 관하여 어제 판서 홍명하洪命夏가 말을 꺼내기에 부득이 그날 말한 내용을 다시 진달하였더니, 성상께서 매우 흔쾌히 허락하시었습니다. 그럼에도 불구하고 오히려 황공한 마음은 이루 다 말할 수 없습니다.

탄신일에 연회를 베푸는 일에 대해 정자의 설을 인용하여 하루나 이틀 정도 날짜를 물리도록 청하였더니, 역시 칭찬하며 윤허하셨습니다. 이만 줄입니다.

1657년52세 효종은 송준길을 이조 참의에 제수하면서, 선왕인 인조 때 김집을 위해 특별히 설치한 시강원 찬선에 겸임시킨다. 송준길은 효종의 뜻이 매우 확고함을 알고 이해 7월에 서울에 들어왔다. 이때부터 세자현종가 매우 부지런히 강학을 하여, 효종으로부터 "세자의 학문이 진보한 것은 찬선 송준길의 공이다. 이는 궁중의 하인들도 모두 그렇게 말한다."라는 치하를 직접 듣게 된다.

이후원에게 보낸 이 편지에는 송준길의 스승인 사계 김장생의 직함을 추증하는 문제에 대해 언급하고 있는데, 이 일은 1657년 10월 6일 강연 때 있었던 일이다.

탄신일의 연회는 효종이 어머니의 생일을 기념하는 잔치를 말하는데, 이에 대한 논의가 8일 후인 14일 석강 때 있었다. 『효종실록』에는 이렇게 기록되어 있다.

송준길이 아뢰었다.

"연회를 올리는 일이 어머니의 탄신일을 축하하기 위하여 베푸는 것이라고 들은 듯한데, 그렇습니까?"

임금이 그렇다고 하였다.

"정자의 말로는 '부모가 살아 계시지 않는 사람은 그 생신날에 갑절이나 비통해해야 마땅하다. 어찌 차마 술을 마시며 음악을 울릴 수 있겠는가.' 하였습니다. 주자가 그 말을 『소학』에 실어 놓았습니다. 그러므로 사대부 집안에서는 이날 연회를 베풀지 않습니다."

이에 임금이 말씀하였다.

"이 말이 매우 옳다. 비록 작은 일인 듯하나 글을 읽은 사람이 아니면 이와 같이 할 수 있겠는가."

그리고 연회를 올리는 날을 뒤로 물려 정하라고 명하였다.

임금이 물으시기에 답변을 올렸으니

與李士深

어제오늘 사이에 대감의 건강과 기거가 어떠하십니까? 병이 더해지지나 않으셨는지요? 우러러 사모하는 마음 그지없습니다. 저는 감기가 가볍지 않아 밤새도록 심하게 앓았습니다. 그러나 겨우 몸을 일으켜 입시하고 이제 막 돌아왔습니다.

두 통의 차자를 소매에 넣고 가서 아뢸 때에, 진준경陳俊卿 행장行狀 중의 한 대목 및 주자朱子의 차자 중에 태자太子의 보양輔養을 논한 곳과 의리와 공사公私를 논한 곳 등 몇 대목을 인용해 진달하였습니다. 이에 성상께서 매우 칭찬해 주셨습니다. 그리고 방효유方孝孺에 관한 한 대목에 대해서는 장차 대신들에게 물어 처리하겠다고 말씀하셨는데, 대감께서는 어떤 뜻으로 의견을 올리시겠습니까? 이만 줄입니다.

이후원에게 보낸 이 편지의 내용은 1657년 10월 25일 소대召對에 입시하여 차자를 올릴 때의 일이다. 효종의 윤허와 칭찬은 병중에 경연을 강행한 송준길에게 무엇보다도 큰 활력이었을 것이다. 그러나

10년 후 다시 현종의 경연에 참여했을 때에는 직접 강연하지 않았을 뿐만 아니라, 이때와 달리 조용한 참관자의 모습을 보여 주고 있다.

이해에 특히 이후원과 편지 왕래가 많았는데, 이후원은 당시에 우의정으로서 송시열과 송준길을 효종에게 추천해서 등용하도록 한 사람이었다. 이들은 모두 김장생에게서 배운 동문이었다. 따라서 이후원에게 보낸 편지에는 정사와 경연에 관한 내용이 많았다. 이날의 경연 과목은 조선의 주자학자들이 중시한 『심경』이었는데, 이 공부를 마친 뒤 송준길은 자신이 쓴 두 편의 글을 꺼내 읽었다. 하나는 명나라 황실 인사에게 밀사를 파견하자는 것으로서 적합한 관료를 제주 목사로 임명하여 일을 맡기면 좋겠다는 의견이었고, 다른 하나는 방효유를 위한 사당을 세우는 일을 허락한 명나라의 사례를 들어 조선에서도 사육신인 박팽년朴彭年과 성삼문成三問 등을 기리는 뜻에서 배향이 필요하다는 의견이었다. 뒤에 대신들이 모여 이 문제를 검토하는데, 그 대신 중 한 사람이 이후원이었다. 이후원에게 미리 알려 주어 서로의 의견을 조율해 보려는 뜻에서 보낸 편지로 보인다.

임금의 뜻을 전하며

與宋英甫

첫 추위에 조섭하는 정황이 어떠하신가? 어제 주강晝講에 입시했을 때 성상께서 말씀하셨네.

"지금 송시열의 병이 어떠한가? 사직 상소가 또 올라왔으니 서운한 마음을 금할 수 없다. 나는 '그가 올 수 있는데도 오지 않고 있다.'라고 여기다가도 반드시 그렇지 않을 것이라고 상상하곤 하니, 그가 오기를 바라는 마음이 간절하기 때문에 생각이 이와 같은 것이다."

나는 이렇게 대답하였네.

"들기로 먹지 못하는 병이 여전하다고 합니다. 만약 올 수 있다면 전후로 망극한 성은을 입은 그가 어찌 감히 오지 않겠습니까."

성상께서 말씀하셨네.

"그의 병이 어째서 이처럼 낫지 않고 오래간다는 말인가? 매우 우려된다."

이렇게 말씀하시니, 온화한 성상의 뜻이 사람을 감읍하게 하였다네.

그리하여 수찬 김수흥金壽興이 아뢰었네.

"송시열이 올린 책자 중에는 사실 행하기 어려운 것도 있지만 행할 수 있는 것도 있는데, 채택하여 시행하는 일이 아직까지 없었습니다. 송시열이 오지 않는 것은 이 때문이 아니라고 단정할 수 없습니다."

이에 내가 아뢰었네.

"김수흥이 올린 규간規諫의 뜻은 참으로 훌륭하지만, 송시열의 사정은 그렇지 않을 것입니다."

여러 신하가 자리를 파하고 나간 뒤에 성상께서 김수흥을 머물라고 명하고 말씀하셨네.

"그 책자 속의 말이 민간에 전파된다면 사람들의 귀를 매우 번거롭게 할 것이다. 내가 어찌 채용하지 않겠는가. 이미 짐작한 지 오래이지만 때를 기다린 뒤에 시행하려 할 뿐이다."

그러자 김수흥이 대답하였네.

"그 책자가 들어온 때가 마침 2경更이었으므로 신의 형제와 조한영曺漢英만 보았을 뿐입니다. 송시열이 이 책자를 올릴 때에 송준길에게조차 보여 주지 않았고 신도 본 뒤에 그에게 말하지 않았는데, 더구나 다른 사람은 오죽 하겠습니까. 신이 비록 어둡고 용렬하지만 어찌 전파할 리가 있겠습니까."

그리고 내가 진달해 청한 동계桐溪 정온鄭蘊과 신로愼老 김집의 시호에 대해서도 시장諡狀을 기다리지 말고 특별히 시호를 내리는 것이 마땅하다고 하셨네.

그리고 노선생老先生 김장생의 증직에 대해서도 아뢰었네.

"자제로 인해 추은推恩하는 것이니 의정議政을 추증해야 마땅하지만, 그의 아들 김집이 겸양한 바 있습니다. 그리하여 선왕조 때 특별히 증직한 이외에는 자제로 인해 더 높여 주지 않았습니다."

성상께서 아울러 특별히 시행하라고 명하셨네. 하지만 아뢴 바가 매우 외람된 것 같아 황공한 마음 금할 수 없네. 이만 줄이네.

이 편지는 1657년 10월 6일에 경연 자리에서 오간 이야기를 벗인 송시열에게 자세하게 전한 내용이다. 간단히 내용을 전하지 않고 이처럼 주고받은 대화를 일일이 상세하게 기록한 것은, 송시열 본인의 출처에 관련된 사항이기도 하고, 또 두 사람의 스승인 김장생의 증직에 관련된 일이기도 하기 때문일 것이다. 이때는 송시열이 5월에 모친상을 마치고 8월에 시무 19조를 건의하는 「정유봉사丁酉封事」를 올린 후였다.

편지 내용에서 보듯이, 송준길은 송시열이 관직에 나오지 못한 것은 병이 심해서라고 했고, 김수홍은 어쩌면 송시열이 이전에 올린 시무책 중에서 수용된 바가 없어 쉽게 나오지 못하는지도 모른다고 하였다. 그러자 효종이 김수홍을 따로 불러 당부한 내용까지 편지에 적어 전달하고 있는 것으로 보아, 송시열에게 임금의 뜻과 자신들의 노력을 함께 보이고자 한 듯하다.

조정에 나오기를 재촉하며

與宋英甫

며칠 전에 집안사람 편에 보낸 편지는 받아 보셨는가? 지금 영감의 조섭하는 정황은 어떠하며, 오형悟兄 이사오 李士悟 의 병 또한 어떠한가? 밤낮으로 걱정되네.

나는 아직 돌아가지 못하고, 어제오늘 연달아 소대에 입시하여 『심경』을 시강하였네. 성상의 뜻이 성대하니 참으로 큰 일을 할 수 있는 때이네. 그러나 영감처럼 준비가 충분한 사람은 은거하여 세상을 잊고 지내는데, 나처럼 용렬한 자에게는 특별한 성은을 내리고서 굳이 빨리 돌아가지 못하게 하시는구먼. 성은에 감격하여 머물고는 있네만, 크게 도움을 드릴 수 없는 것이 부끄럽네. 어쩌면 좋단 말인가. 이제 막 경연에서 돌아왔으므로 매우 피곤하여 이만 줄이네.

이 편지는 1657년 10월 13일과 14일에 걸쳐 경연에서 『심경』을 강연한 일을 말하고 있다. 『심경』은 효종이, 송준길이 경연에 참여하는 것을 계기로 특별히 강독하도록 지정한 책이다. 송준길은 이 편지에 학문적 성취가 깊은 송시열이 경연에 함께하기를 바라는 마음을 내비치고, 아울러 '참으로 큰일을 할 수 있는 때'라는 말에서 보이듯 당시 조정에 대한 큰 기대를 숨기지 않고 있다. 동시에 국정 전반에 걸쳐 임금께 조언하기에는 자신의 역량이 부족하다고 하면서, 송시열이 조정에 나오기를 재촉하는 마음도 은근히 담았다.

이해 송시열이 송준길에게 보낸 다른 편지에 "요사이 나에게 와서 서울에 가겠다고 알리는 사람이 줄을 이었습니다. 그런데 모두 '서울 구경 가려는 것이 아니라 동춘 송준길을 보기 위해서이다.'라고들 하더이다. 공은 어쩌면 이 정도까지 사람들이 선망하는 대상이 되셨소이까."라는 말이 보이는데, 송시열의 칭찬이 수사적 과장임을 감안하더라도 당시 송준길의 인망이 어느 정도였는지 가늠할 수 있다.

동궁께 선현들의 격언 병풍을 바치며
寫進春宮先賢格言屛幅跋

하루는 우리 저하께서 서연에서 신 준길에게 "선현의 격언을 뽑아서 써 오라. 그것을 병풍으로 만들어 아침저녁으로 경계하고 반성하는 바탕으로 삼겠다."라고 명을 내리셨습니다. 신은 그 명을 받고 송구하고 부끄러웠으나 감히 사양할 수가 없었습니다. 공경히 물러 나와 명백하고 간이簡易한 몇 조항을 뽑았습니다. 대체로 입지立志, 궁리窮理, 천덕天德, 왕도王道의 요지를 뽑고, 선유 신 이황과 신 이이의 도통설道統說로 마무리하였습니다.

이이의 도통설은 바로 요, 순, 탕, 문왕과 무왕이 서로 전한 도통을 당시 선조대왕께서 이으시기를 기대하며 올린 것입니다. 신이 생각건대, 우리 저하께서는 선조대왕의 종통宗統을 이어받은 후손으로 우리 전하께서 마음으로 전하신 법통法統을 몸소 받으셨습니다. 어린 나이에 세자로 책봉되시어, 항상 부지런하고 명민하게 학문에 힘쓰고 날마다 서연을 열어 고금을 궁구하셨습니다. 종통을 계승하고 선왕의 법을 준행遵行하기를 생각함에 최선을 다하지 않음이 없으십니다. 어느 때 어느 곳에서나 공부를 더욱 신중하고 면밀하게 하실 요량으로 병풍에 선현의 격언을 써서 거기에 경계하는 뜻을 담고자 하시니, 그 마음 씀이 지극히 깊습니다. 이 뜻은 바로 탕의 반명盤銘,* 무왕의 영명楹銘*과 동일한 생각입니다.

지금 신이 골라 뽑은 것이 비록 정확하지도 합당하지도 못하고 자획이 단정하지도 못하지만, 이 글들은 모두 성현의 격언과 지론입니다. 천지에 세워도 어그러짐이 없고 귀신에게 물어도 의심이 없는 것입니다. 저하께서 한가로운 여가에 깊이 생각하고 묵묵히 이해하여 심신에 체득하고 언행으로 보이신다면 성인이 되는 공부에 조금은 도움이 있을 것입니다.

신은 초야의 촌스럽고 비루한 사람으로 외람되이 여러 영재의 반열에 끼였으니, 반딧불 같은 미미한 빛으로 어찌 일월 같은 저하의 광명에 도움을 드릴 수 있겠나 하는 생각이 듭니다. 그러나 간절한 충정은 스스로 억제할 수 없기에 감히 이이가 선조대왕께 기대한 바를 저하께 기대해 봅니다.

아, 억만년 무궁한 복이 여기에 달려 있으니, 저하께서는 더

* 탕의 반명盤銘 : 반명은 세수하는 대야에 새긴 "어느 하루 새로워지거든 다음 날도 그다음 날도 새로워지고 또 나날이 더욱 새로워져라.苟日新 日日新 又日新"라는 권계의 말이다. 『대학장구』 전 2장에 보인다.
* 무왕의 영명楹銘 : 무왕이 즉위한 초기에 태사太師인 강태공姜太公에게 물어 경계의 글을 지어서, 자리의 네 끝과 궤机, 기둥, 지팡이 등에 새긴 말을 가리킨다. 『문선文選』「신루각명新漏刻銘」에 보인다.

욱 유념하시기 바랍니다.

숭정 무술년1658 1월 ○○일에 통정대부 시강원 찬선 신 송준길은 절하고 머리를 조아리며 삼가 씁니다.

입지立志* : 뜻을 세우다

성인聖人은 하늘이 되기를 바라고, 현인賢人은 성인이 되기를 바라고, 선비는 현인이 되기를 바란다.【주자周子】

천지를 위하여 마음을 세우고, 백성을 위하여 도道를 세우고, 옛 성인을 위하여 끊어진 학통을 계승하고, 만세萬世를 위하여 태평성대를 연다.【장자張子】

양기陽氣가 발동하면 금석金石도 뚫을 수 있으니, 정신이 한 번 이르면 무슨 일인들 이루지 못하랴.【주자朱子】

세상에는 조화造化의 힘을 빼앗을 수 있는 세 가지 일이 있다. 나라를 다스려서 하늘에 빌어 국운國運의 영원함에 이르는 것, 몸을 수양하여 장수를 누리는 데 이르는 것, 학문을

* 입지立志 : 입지에 선록된 것은 모두 군주 스스로 요순과 같은 성인이 되는 데 뜻을 두어야 한다는 말로 귀결된다. 요순과 같은 성군이 되는 것이 요원하고 불가능하게 보일지라도 거기에 뜻을 둔다면 조화옹의 힘을 빼앗아 반드시 이룰 수 있다는 결연한 의지를 보이는 문구들이다. 각 조항 말미에 격언의 저자를 기록하였는데, 높여 '자子'의 호칭을 사용하였다. 주자周子는 주돈이周敦頤, 장자張子는 장재張載, 정자程子는 정호程顥와 정이程頤, 주자朱子는 주희朱熹를 각각 가리킨다. 그 밖에 성에 씨氏만 붙인 경우에는 번역에서 이름을 붙여 표기하였다.

통해 성인이 되는 데 이르는 것이다. 이 세 가지 일은 인력으로 조화를 이길 수 있는 것이 분명하건만 단지 사람들이 하지 않을 뿐이다. 【정자程子】

인仁을 요堯 임금처럼 하지 않는 것, 효孝를 순舜 임금처럼 하지 않는 것, 학문을 공자孔子처럼 하지 않는 것은 모두 스스로를 포기하는 것이다. 【여조겸呂祖謙】

명도明道 정호가 신종께 힘을 다해 정치의 도리를 진술하자, 신종이 "이는 요순의 일이니, 짐이 어찌 감당하겠는가."라고 하니, 명도가 수심이 가득하여 "폐하의 이 말씀은 종묘사직과 백성의 복이 아닙니다."라고 하였다. 【정자】

거경궁리居敬窮理* : 자신을 공경히 닦고 이치를 궁구하다

몸을 닦고 본성을 기르는 함양涵養의 공부는 반드시 경敬으로 해야 하고, 학문을 진전시키는 공부는 치지致知*에 달렸다. 몸가짐을 단정히 하고 엄숙히 하면 마음이 전일專一해지고,

* 거경궁리居敬窮理 : 공부에서 가장 중요한 것을 '경敬'으로 보는 내용들이 선록되었다. '거경'은 조선에서 퇴계 이후 매우 중시된 내적 수양 방법이며 '궁리'는 외적 탐구 방법으로, 이는 독서와 사유 양방향에서 이루어져야 함을 강조한다.
* 치지致知 : 유학의 중요한 철학 용어 중 하나로 원래 『대학』에 나오는 말이다. 역대 유학자마다 이에 대한 해석이 같지 않다. 정자와 주자는 자신의 지식을 끝까지 미루어 나가서 아는 바가 다함이 없고자 하는, 지식에 대한 무한하고 정밀한 추구의 의미로 이해하였다.

전일해지면 절로 사악함이 끼어들지 못한다.【정자】

경은 마음이 항상 맑게 깨어 있도록 하는 법이다.【사양좌 謝良佐】

경은 시종始終을 관통하고 동정動靜에 한결같으며 내외를 합치하고 상하에 통하는 것이니, 『소학』이든 『대학』이든 모두 등한히 해서는 안 된다.【진순 陳淳】

'생각에 사악함이 없다.'와 '공경하지 않음이 없다.', 이 두 구절대로 따라 행한다면 어찌 잘못됨이 있겠는가.

경敬과 의義를 양쪽으로 잡아 지키면 여기에서부터 위로 천덕天德을 통달하게 된다.

게으른 생각이 조금이라도 생기면 이것이 바로 자포자기自暴自棄*이다.

이치를 궁구하는窮理 데에는 방법이 많다. 독서하여 의리를 강론하기도 하고, 고금의 인물을 논하여 그 시비是非를 분별하기도 하고, 사물을 응대應對하여 그 합당 여부를 살피기도 하는 것이 모두 궁리이다.【정자】

책을 읽을 때는 반드시 산만한 생각이 일어나지 않도록 심신을 수렴收斂하고 단정히 앉아서 차근차근 보면서 작은 소리로 읽되, 마음을 비우고 깊이 이해하여 내 몸에 밀착시켜 성

* 자포자기自暴自棄 : 남보다 뒤처짐을 달게 여겨 발전을 구하지 않는 것을 말한다. 맹자는 "예의禮義를 비난하는 것을 '자포'라 하고, 인의仁義를 아름답게 여기면서도 능력이 없다 하여 행하지 않는 것을 '자기'라 한다."라고 하였다. 『맹자』「이루 상離婁上」에 보인다.

찰하고, 한 구절의 글을 읽을 때마다 반드시 이 한 구절의 말을 몸소 고찰해서 내가 이 말을 가져다가 어디에 사용할까를 생각해야 한다. 【주자朱子】

생각하고 또 생각하면 귀신이 깨닫게 해 준다. 그러나 이는 귀신의 힘이 아니라 정성이 지극해서이다. 【정자】

성의誠意, 정심正心, 수신修身* : 뜻을 성실히 하다, 마음을 바르게 하다, 몸을 닦다

큰 임무를 담당하려면 반드시 독실해야 한다.

극기克己는 성질이 편벽되어 극복하기 어려운 곳부터 극복해 나아가는 것이다. 【사양좌】

욕심 막기를 골짜기를 메우듯이 하고, 분한 마음 누르기를 산을 무너뜨리듯이 하라.

선善을 하는 데는 바람처럼 빨리하고, 허물을 고치는 데는 우레처럼 맹렬히 하라.

배움은 보는 사람이 아무도 없는 어두운 방에서도 양심을 속이지 않는 데서 시작된다. 【정자】

* 성의誠意, 정심正心, 수신修身 : 몸가짐과 마음가짐에 성실함과 곧음을 지향하되, 특히 다른 이는 모르고 오직 자신만 아는 깊숙한 마음자리조차 단속하는 치밀함과 엄격함의 중요성을 담은 글들을 뽑은 것이다. 군왕으로서 한 생각의 선과 악이 천하의 행복과 불행을 좌우할 수 있다는 경계 또한 선록에 빠뜨리지 않고 있다.

심지心地를 진실하게 가지고 공부에 각고의 노력을 하라. 【황조순黃祖舜】

말에는 교훈이 될 만한 내용을 담고 행동에는 법도法度가 있으며, 낮에는 공부를 하고 밤에는 연구해 터득하며 쉴 때도 수양하여 어느 순간이라도 마음을 보존하라. 【장자張子】

사람의 감정이란 일어나기는 쉬우나 억제하기는 어려운 것인데, 그중에서도 노여운 감정이 더욱 심하다. 그러나 노여울 때 서둘러 그 노여움을 잊고 사리事理의 시비를 따져 본다면 도道에 대해 이미 절반 이상을 깨달은 것이다. 【정자】

대장부大丈夫는 마음의 일을 푸른 하늘의 흰 태양처럼 가져서 사람들이 볼 수 있도록 해야 한다. 【설씨薛氏】

선한 생각 그 하나, 하늘과 땅의 신령이 상서로운 바람과 온화한 기운을 내리는 것이 모두 여기에 달려 있다. 악한 생각 그 하나, 요성妖星과 악귀가 흉년과 질병을 내리는 것이 모두 여기에 달려 있다. 그러므로 군자는 그 홀로 있음獨을 삼가는 것이다. 【장식張栻】

정자가 『예기禮記』「표기表記」의 "군자가 장중하고 공경하면 의기가 나날이 강해지고, 안일하고 방자하면 나날이 구차하고 방탕해진다."라는 말을 매우 좋아하였다. 이는 대개 보통 사람들의 마음은 조금만 방자하면 나날이 허탄한 데로 나아가고, 스스로 단속하면 나날이 법도가 있는 데로 나아가기 때문이다.

제일 중요한 것은 혼후渾厚하고 포용력 있고 점잖고 광대한 기상을 갖는 것이다.

학문을 하는 첫째 목적은 기질을 변화시키는 데 있으니, 경박한 자는 장중함으로 교정하고, 조급한 자는 느긋함으로 교정하고, 편협한 자는 관대함으로 교정하고, 포학한 자는 온화함으로 교정해야 한다. 【설씨】

임금이 하루 사이에 어진 사대부를 접견하는 때가 많고 환관이나 궁녀를 가까이하는 때가 적으면, 자연히 기질이 배양되고 덕성이 도야될 수 있다. 【정자】

"성인을 배울 수 있는가?"라는 질문에, 주자周子가 "배울 수 있다."라고 대답하였다. 어떤 이가 "요령이 있는가?"라고 묻자, 주자가 있다고 대답하였다. 어떤 이가 그 요령을 물었다. 이에 주자는 "전일專一이 요령이다. 전일함은 욕심이 없는 것이니, 욕심이 없으면 가만히 있을 때 마음이 청정하고 움직일 때 행실이 곧다. 가만히 있을 때 마음이 청정하면 마음이 밝아지고 마음이 밝아지면 모든 이치에 통하며, 움직일 때 행실이 곧으면 행실이 공정하고 행실이 공정하면 널리 행할 수 있으니, 밝아지고 통하고 공정하고 널리 행할 수 있으면 거의 성인에 가까울 것이다."라고 대답하였다. 【주자周子】

제가齊家, 치국治國, 평천하平天下* : 집안을 다스리다, 나라를 다스리다, 천하를 평정하다

천하를 다스리는 데 근본이 있다는 것은 자신을 이름이고, 천하를 다스리는 데 법이 있다는 것은 집을 이름이다. 근본이 반드시 단정해야 하는데, 근본을 단정히 하는 기본은 마음을 진실히 하는 성심誠心뿐이다. 법은 반드시 선해야 하는데, 법을 선하게 하는 기본은 친족 사이의 화목함뿐이다. 【주자周子】

윤리를 바르게 하고 은의恩義를 돈독히 하는 것이 『주역周易』「가인괘家人卦」*의 뜻이다. 【정자】

임금의 집안이 다스려지면 천하가 다스려지지 않음이 없으니, 임금의 집안이 다스려지지 않고서 능히 천하를 다스린 자는 없었다. 그러나 아내와 자식에게는 은혜와 사랑이 항상 의리보다 앞서기 때문에, 비록 영웅의 자질을 가진 사람이라도 주

* 제가齊家, 치국治國, 평천하平天下 : 천하를 다스리는 기본을 먼저 왕가의 집안을 단속하는 데서 시작하도록 권고하는 내용이다. 무엇보다도 세자 교육의 중요성을 언급한 주자의 글을 뽑음으로써 성현의 격언을 곁에 두고자 하는 당시 세자였던 현종의 의도에 부합하였다. 그뿐만 아니라 현종이 추후 성군이 되어 훌륭한 정사를 펴는 데 보탬이 될 수 있도록 군왕으로서의 처신과 천하를 다스리는 요점을 말한 것을 중점적으로 선록하였다.

* 가인괘家人卦 : 『주역』 64괘의 하나로, 한 가정의 안팎이 모두 올바르게 되어 있음을 상징한다. 그 단사彖辭에 "아버지는 아버지답고, 아들은 아들답고, 형은 형, 아우는 아우, 지아비는 지아비, 지어미는 지어미다워야 가정의 도리가 바로잡히고, 가정이 바로잡히면 천하가 안정된다."라고 하였다.

색에 지치고 정과 사랑에 빠져서 스스로 극복하지 못하는 경우가 있다. 만약 마음을 바루고 몸을 닦아서 예와 의에 맞게 행동하여 집안사람들이 나의 덕에 감복하고 나의 위엄을 두려워하게 하지 않는다면, 무슨 수로 집안을 바로잡으며 청탁을 물리치며 인척을 단속하여 재앙의 싹을 미연에 방지할 수 있겠는가.

옛날의 성왕은 세자를 가르칠 스승으로 반드시 단정하고 정직하며 도덕과 학술이 있고 견문이 해박한 선비를 선발하여 세자와 함께 거처하게 하였다. 또 부정한 사람은 쫓아내어 세자가 못된 행실을 보지 못하도록 하였다. 그런데 근래에는 가르친다는 것이 고작 외워서 암송이나 하고 편지글이나 익히는 공부에 불과하고, 인효예의仁孝禮義를 학습시킨다는 말은 듣지 못했다. 심지어 용모와 말, 의복과 기물들이 지극히 사치스러운데도 그것을 제재하지 않는다. 숫자대로 세자궁의 관원들을 갖추었을 뿐 엄한 스승이 없고, 예식을 갖추어 강독만 할 뿐 도움이 되는 권계의 충언이 없으며, 허물없이 친밀하게 출입하며 거처하는 자들은 모두 땅이나 쓸고 굽신거리는 환관과 근신 무리뿐이다.

군자는 신첩을 위엄으로 다스리고 자애로 기른다.【주자 朱子】

한 글자로 남을 가벼이 인정하지 말 것이며, 한 마디 말로 남을 가벼이 허락하지 말 것이며, 한 번의 웃음으로 남을 가벼

이 용서하지 말 것이다.【설씨】

당대의 일 중에 임금이 가장 서두를 것이 세 가지가 있다. 첫째는 뜻을 세우는 것이고, 둘째는 책임을 지는 것이고, 셋째는 현자를 구하는 것이다. 지극히 성실한 마음으로 도를 자신의 임무로 삼아 성인의 교훈을 반드시 믿을 수 있고 선왕의 정치를 반드시 행할 수 있다는 각오로, 근래의 규칙에 얽매이지도 말고 여러 사람의 말 때문에 뜻을 바꾸지도 말고서 반드시 천하를 삼대三代 하, 은, 주나라의 태평성대 와 같은 세상으로 다시 만들기를 기약해야 한다.

삼대의 정치를 분명히 회복할 수 있는데도 삼대를 정치의 목표로 삼지 않는 것은 모두 눈앞의 안일만을 추구하기 때문이다.【정자】

학문을 강론하는 것은 이치를 밝혀 임금을 앞에서 인도하기 위함이며, 계획을 정하는 것은 호연지기浩然之氣를 길러 임금을 뒤에서 독려하기 위함이며, 현자를 임용하는 것은 정사를 수행하여 임금이 그들 사이에서 나라를 경영하기 위함이다. 천하의 일 중에 이 세 가지보다 앞서는 것은 없다.【주자朱子】

하늘과 땅이 서로 만나지 않으면 만물이 생겨나지 못하고, 군신이 서로 만나지 않으면 정치가 흥기하지 못한다.【정자】

일찍이 천하 사람들을 살펴보건대, 광명정대光明正大하고 소창통달疏暢通達함이 청천백일靑天白日 같고 고산대천高山大川

기고 그 말을 듣지 않았다가 자신을 죽이는 데 이르렀으니,* 살피지 않아서야 되겠는가. 【임씨 林氏】

옛날 성왕이 오랑캐를 제어한 방도는 강한 무력에 있지 않고 덕행과 공적에 있었으며, 신임하는 바는 변경 지역에 있지 않고 조정에 있었으며, 대비책은 무기와 군량에 있지 않고 기강紀綱에 있었던 것이 대체로 확실하다. 【주자 朱子】

도통道統* : 유가 사상의 전수 계통

요는 공경하고 순은 공손하였으며	堯欽舜恭
우는 근면하고 탕은 두려워하셨네	禹孜湯慄
공경함은 문왕의 마음이고	翼翼文心

되었느냐?"라고 묻자, 시골 사람이 "이곳은 곽씨郭氏의 고성인데, 곽공은 선을 좋아하면서도 등용하지 않고 악을 미워하면서도 버리지 못했기 때문에 나라가 망하여 폐허로 변했습니다."라고 대답했다는 고사를 말한다. 『신서新書』「잡사雜事 4」에 보인다.

* 은공隱公은……이르렀으니 : 춘추 시대 노魯나라 대부 우보羽父가 은공에게 당시 은공의 이복동생으로서 태자의 자리에 있는 환공桓公을 제거하라고 건의하였다. 그러나 은공이 자신의 말을 듣지 않자, 우보는 화禍가 자신에게 미칠 것이 겁이 나서 도리어 환공에게 은공을 참소하여 죽인 고사를 말한다. 『춘추좌씨전』 은공 11년에 보인다.

* 도통道統 : 퇴계 이황의 글은 '요→순→우→탕→문왕→무왕→공자→증자와 안연→자사→맹자→주돈이→정자→주자'로 이어지는 도통의 계보를 밝힌 것으로, 조선 유학의 연원을 분명하게 밝히려는 의도가 있다. 율곡 이이의 글은 『성학집요聖學輯要』에 수록되어 있는데, 송준길이 이 문장을 채록한 것은 도통의 전수가 군왕에게 이어지기를 간절히 바라는 마음에서이다.

넓고 큰 무왕의 법칙이었네 蕩蕩武極
하늘 같은 덕은 네 가지가 없었고 天德絶四
성인의 도는 하나로 관통하였네 聖道貫一
세 가지를 반성하는 데 전전긍긍하였고 三省戰兢
하지 말아야 하는 네 가지로 극기복례하셨네 四勿克復
경계하고 두려워하며 신독하여 戒懼愼獨
본성을 밝히고 도를 이루셨네 誠明凝道
마음을 잡아 보존하고 하늘을 섬겨 操存事天
넓히고 채워 호연지기를 기르셨네 擴充養浩
산을 좋아하고 풀을 감상하며 樂山玩草
풍월을 주제로 시를 읊으셨네 吟風弄月
정제하고 엄숙하여 整齊嚴肅
주일무적하셨네 主一無適
박문약례 모두 지극하여 博約兩至
연원의 바른 줄기 되셨네 淵源正脈

【이황李滉】

아, 도통이 임금과 재상에게 있으면 도가 당시에 행해져서 은택이 후세에 전해지지만, 도통이 한 사내에게 있으면 도가 세상에 행해질 수 없고 단지 후학에게 전해질 뿐입니다. 도통의 전수는 복희伏羲에서 시작하여 주자朱子에서 끝났고 주자 이후로 더는 확실히 전수한 분이 없으니, 바로 이 점이 신이 크게 한탄하며 전하께 깊이 기대하는 바입니다. 지금 사람들은 도학道學을 고원하여 행하기 어려운 것으로 여기고, 또 고금의 사정이 다르다는 말을 바꿀 수 없는 정론으로 삼습니다. 대개 천지가 개벽한 이래로 오늘에 이르기까지 몇천 년이 지났는지 알 수 없을 만큼 오랜 세월이 흘렀습니다. 그러나 혼돈하고 광대한 천지의 형상은 옛 모습 그대로이고, 흐르는 물과 솟아오른 산의 형상도 옛 모습 그대로이며, 초목과 금수의 형상도 옛 모습 그대로이며, 사람들의 집과 음식과 기물까지도 모두 성인이 제정한 옛 제도를 전해 오는 그대로 사용하고 없애지 못합니다. 그럼에도 유독 인심人心을 말미암고 천리天理에 근거하여 영원히 변할 수 없는 하늘의 질서에 대해서만, 무너지는 것을 편안히 여기며 끝내 옛날로 돌아갈 수 없다고 하는 것은 무슨 견해입니까. 아, 이 또한 생각하지 않아서일 뿐입니다. 삼가 바라건대, 전하께서는 도에 뜻을 두는 데 노력을 게을리하지 말고, 요순을 따르고 본받아 학문으로 선을 밝혀 덕으로 행실을 성실히 해서, 수기의 공부를 극진히 하고 치인의 교화를 펴십시오. 겁이 나서 물러나고 싶은 생각에 흔들리지 마십시오. 이익을 따지는 말에 동요되지 마십시오. 오랜 관행의 논의에 구애되지 마십시오. 반드시 이 도가 크게 밝아지고 크게 행해지도록 하여 끊어진 도통의 전통을 계승하신다면 만세의 큰 다행이겠습니다.【이이李珥】

현종에게 올린 선현들의 격언 병풍에 대한 발문은, 원편에는 선록된 격언의 맨 뒤에 위치한다. 그러나 이 글이 쓰인 배경과 목적을 먼저 알고 읽는 것이 이해를 도울 수 있다고 여겨 맨 앞으로 위치를 바꾸었다.

발문에 밝혔듯이, 이 병풍의 글은 당시 세자였던 현종이 송준길에게 자신이 아침저녁으로 늘 보면서 반성할 수 있는 글을 부탁하여 가려 뽑은 것이다. 따라서 이 글은 비록 송준길의 저작이 아니지만, 송준길이 공부함에 무엇을 중시하였는지, 또 오래도록 두 대에 걸친 군왕의 사부로서 군왕의 수신과 치국에 있어서 무엇을 중시하였는지 그 일단을 볼 수 있다고 생각하여 함께 소개한다. 현종은 송준길이 퇴계와 율곡의 글을 뽑은 후 손수 글씨를 쓰고 발문도 지어 올린 이 병풍을 매우 아껴서 항상 방 안에 쳐 두었다고 한다. 이 병풍은 그 뒤로 궐내의 보물로 여겨졌다.

제4장

왕가를 보익한 '공功'

54 ~ 66세 · 현종이 즉위한 후 효종조에 이어 여러 차례 대사헌에 임명된다. 현종은 자신의 스승이었던 송준길을 원자의 보양관에 임명한다. 왕가 후계의 교육을 중시하였던 송준길은 자신의 건강이 허락하는 한 서울에 머물며 임금과 원자에게 진강하기를 힘쓴다. 당시 진강에 참여한 사람들은 강학하는 송준길의 단정한 모습과 청아한 음성에 경도되어 모두 '신선강관神仙講官'이라고 칭송하였다. 그러나 병세가 점점 깊어진 데다가 무고誣告까지 당하자 결국 고향으로 돌아간다.

보양관을 사양하는 상소
辭輔養官疏

삼가 말씀드립니다. 신이 얼마 전에 짧은 차자를 올리면서 겸하여 선대의 유신儒臣이 논한 원자 보양의 일을 진달했습니다. 이는 비록 어리석은 충심衷心에서 나온 것이지만 스스로 참람함을 잘 알고 있는데, 성상께서 대신들에게 자문하여 거행하셨으니 매우 성대한 일입니다. 그러나 보양의 직임이 신에게로 돌아왔으니, 신이 감히 감당할 수 있는 바가 아니고 신이 감히 편안히 여길 수 있는 바도 아닙니다.

아, 이것이 얼마나 중한 직임입니까. 설령 신이 감당할 수 있다 하더라도, 스스로 제창提唱한 일을 스스로 담당하는 것은 결코 사리에 맞는 일이 아닙니다. 더구나 무능하고 누추하여 남보다 제일 못한 사람이라 관례에 따라 반열에 나아갔다가 이미 사람들의 비웃음을 부른 몸인데, 그런 사람이 감히 잘 골라 뽑은 현덕賢德을 지닌 사람들의 대열에 끼어서 중외의 이목을 놀라게 해서야 되겠습니까.

기억하건대, 옛날 중묘조中廟朝 때 조광조趙光祖가 이 직임에 제수되자 사양하기를 "어린이에게 바름을 길러 주어 성인으로 만드는 일은 노성하고 후덕한 사람을 골라 그 책임을 맡겨야 마땅합니다. 어찌 신이 감히 감당할 수 있겠습니까. 그러나 만약 보양관으로 임명하지 마시고 항상 왕래하며 함께 지내게 하신다면, 신 또한 모시고 싶은 뜻이 있으니 어찌 감히 사양하겠습니까."라고 하였습니다. 대체로 조광조의 현덕은 당세에 견줄 만한 사람이 없었는데도 이와 같이 말하였으니, 그 임무가 어찌 중하지 않으며 그 사람을 어찌 잘 선택하지 않을 수 있겠습니까.

신의 눈과 귀로 직접 보고 들은 바를 기억하건대, 인조 초년에 신의 스승인 고故 문원공 김장생과 문숙공 정경세가 이 직임을 맡았었습니다. 비록 세대가 내려올수록 인재의 수준도 점점 떨어진다고는 하지만, 지금 신으로 그 자리를 메우신다면, 아, 이 또한 괴이한 일입니다.

신은 바라건대, 조광조가 청한 전례에 따라 보양관으로 임명하지 마시고 신으로 하여금 때때로 입시하여 원자를 가까이에서 우러러보게 하시면, 공의公義나 사정私情 모두에 좋을 것입니다. 그리해 주신다면 신이 무엇 때문에 굳이 사양하겠습니까. 성상께서는 잘 헤아려 시행해 주소서.

1665년현종 6 60세 때에 올린 상소이다. 이해 4월에 송준길은 대사헌에 제수되었는데, 사직을 청했으나 받아들여지지 않았다. 5월에 온천에 온 현종의 행궁에 나아가 현종을 만나서 함께 도성으로 향했지만, 송준길은 병으로 입성하지 못하고 사직하였다. 다시 좌참찬에 제수되어, 결국 도성에 들어와 경연에 참여하여 『통감』과 『심경』을 진강하였다.

이 상소에 앞서 송준길은 「원자의 보양을 논한 차자」를 올렸는데, 종묘사직과 백성을 위해 원자를 교육하는 일의 중요성을 강조하며 조광조의 「경연진설經筵陳說」과 이언적李彦迪의 「팔조진규八條進規」를 소개하였다. 원자의 교육에 관한 주장은, 인조조 당시 소현세자가 훙서했을 때도 상소를 올려 강조한 내용이다. 앞서 수록한 「사직하는 사정을 아뢰고 아울러 품고 있는 생각을 진달하는 상소」에서도 확인할 수 있다.

현종은 원자 교육에 관한 송준길의 건의를 받아들이고 원자 보양관에 그를 임명하였는데, 그는 자신이 건의하여 만든 자리에 앉는 것을 꺼려 관직을 사양하였다. 그러나 현종은 "경의 재주와 덕으로 무엇 때문에 이처럼 사양하는가."라고 하며 허락하지 않았다.

9월에 원자와 상견례相見禮를 거행하였다. 병세가 심해진 송준길이 온천욕을 위한 휴가를 청하자, 현종은 그를 직접 대면하고 그 자리에서 원자를 개인적으로 송준길에게 인사시킨다. 그 광경이 연보에 자세히 남아 있는데, 이후 송준길이 원자에 대해 특별한 관심을 두게 된 상황을 어느 정도 이해할 수 있게 하는 대목이어서 소개한다.

송준길이 “어제 원자를 뵈니, 종사와 신민의 큰 경사와 복이 이 원자께 있기에 기쁜 마음을 형용하기 어려웠습니다. 전하께서는 더욱 수신제가의 도리를 다하시어 원자로 하여금 본보기로 삼게 하소서. 신은 오래전부터 휴가를 청해 온천욕을 가고자 하였으나 상견례에 참석하기 위해 지금까지 지체했었는데, 이제는 떠나겠습니다.”라고 아뢰었다. 그러자 현종은 “원자가 비록 강관들과 상견하였으나 경이 내려간다면 강학이 저절로 폐지되고 말 터인데, 그것이 걱정이다. 또 기운이 약한 사람이 늦가을에 온천욕을 하는 것은 더욱 마땅하지 않으니, 국가와 경 개인 모두에 좋지 않다.”라고 말한 뒤에 다시 화제를 원자에게로 돌렸다.

“원자는 수염이 있는 사람을 보기 싫어하나 경에 대해서는 항상 보고 싶어 한다. 지금도 경이 왔다는 말을 듣고 나와서 보기를 청한다.”라고 하고는, 드디어 내시에게 명하여 원자를 불러오게 하였다. 원자가 들어와 송준길에게 재배를 올리자, “신이 비록 성상 앞이어서 원자께 예를 행할 수 없지만, 기쁘고 다행스러운 마음을 억제할 수 없으니 성상을 위해 하례하겠습니다.” 하고 일어나 절하였다. 현종이 원자에게 “이분을 본 적이 있느냐?” 하니, 원자가 보았다고 대답하였다. 상이 웃음을 머금고 한참 동안 굽어보다가 들어가라고 명하였다.

송준길은 재삼 휴가를 받아 돌아가기를 청했지만, 현종은 재삼 만류하였다. 송준길이 “신의 사정이 비록 급하지만 성상의 뜻이 이처럼 간곡하시니 조금 더 머물면서 두어 차례 들어가 원자를 모신 뒤에 물러가겠습니다." 하였다.

며칠 뒤부터 송준길은 강학청講學廳에서 원자를 모시고 진강하였고, 이때부터 하루걸러 강학에 참석하였다. 송준길의 원자에 대한 각별한 관심은 그가 벗과 사위, 그리고 아들에게 보낸 편지 곳곳에서 찾아볼 수 있다.

진언을 구하는 별유에 응대하고 이어 해직을 청하는 상소

應求言別諭仍乞解職疏

삼가 말씀드립니다. 신이 이달 3일에 좌승지가 성첩成貼한 유지諭旨를 삼가 받아 보니, 신으로 하여금 천명에 순응하고 백성을 편안하게 할 수 있는 계책을 조목조목 진술하여 봉함해 아뢰도록 하라는 내용이었습니다. 이어 8일에 동부승지가 성첩한 유지를 삼가 받아 보니, 신을 사헌부 대사헌으로 삼으니 역마를 타고 올라오라는 내용이었습니다. 또 이어 12일에 관찰사가 전달한 성상의 비답에는 신의 사직을 윤허하지 않으며, 마음을 열고 품은 생각을 다 진달하라는 내용이었습니다. 신이 한 달 사이에 성상의 유지를 세 번씩이나 받았으니, 마음의 감격스러움은 말할 것도 없고 몸 둘 바조차 모르겠습니다.

전후에 내리신 성상의 전교를 우러러보건대, 자상하고 간곡하게 천명을 경외하여 크게 두려워하고 백성을 근심하여 크게 경동하시어, 어진 이에게 도움을 청하고 감히 스스로 한가하게 지내지 않으시는 뜻이 성대하게 언외言外에 넘쳤습니다. 아, 이 마음은 훌륭한 정치를 이룩하기에 충분하지만, 오직 오래도록 지켜 게을리하지 않는 것이 중요합니다.

신은 학식이 고루한 데다가 질병마저 심하여 정신이 혼미하니, 진실로 어떤 방도를 행하여야 하늘에 순응할 수 있고 어떤 계책을 시행하여야 백성을 구제할 수 있는지를 알 수 없습니다. 또한 반년을 서울에 머물면서 경연에서 성상을 가까이 모시는 동안 임금의 덕과 시무에 관계된 것이라면 의견이 있을 때마다 남김없이 다 말씀드렸으니, 오늘에 와서 다시 하문하신 데 대해 만에 하나라도 도움이 될 만한 새롭고 특이한 말이 없습니다. 그러므로 지난날에 이미 진달했던 것을 가지고 거듭 말씀드리니, 전하께서는 유의하여 살피소서.

신이 전하를 섬긴 지가 이미 여러 해입니다. 비록 깊숙한 궁중에 홀로 계시며 마음껏 행동하시는 것은 엿보지 못해 알 수 없습니다만, 겉을 가지고 속을 점치고 드러난 것을 가지고 은미한 것을 헤아려 보면 또한 말할 만한 점이 있습니다. 전하께서는 총명과 예지가 천성에서 나오지 않은 것이 없고 학문이 고명하지 않은 것이 아니며 덕성이 인후하지 않은 것이 아니나, 진작하고 분발하는 뜻이 부족하여 나태하고 느슨함이 하루하루 심해져서 경연을 여는 날이 매우 드물고 신하를 인견引見하는 것도 드물어, 신료백관이 해이해지고 온갖 일이 폐해지게 하셨습니다.

그중에서도 더욱 애석한 것은 온천에 거둥하여 영험한 효과를 본 뒤로는 중외中外가 고무되어 전하에게 건 기대가 전일에 견줄 바가 아니었는데, 무기력하게 구습만을 인습하며 끝내 많은 사람의 기대에 크게 부응하지 못한 점입니다. 신은 진실로 전하의 옥후가 자주 편찮아 일이 마음먹은 대로 되지 않는 것이 개탄스러움을 잘 압니다. 그러나 그간에 혹 할 수 있는데도 하지 않고 힘써 해야 하는데도 힘쓰지 않은 경우가 없지 않으니, 신하들이 한스러워하고 근심스러워하는 바가 바로 여기에 있습니다. 이처럼 성상의 뜻이 확립되지 않고 성상의 생각이 강하지 않기 때문에 헛되이 세월만 보내며 앉아서 좋은 기회를 잃고 있으니, 신은 모르겠습니다마는 계속 이런 상태로 간다면 나라가 끝내 어떤 지경에 이르겠습니까. 인사가 이러하니, 백성의 눈과 귀를 통하여 보고 듣는 하늘이 어찌 크게 노하여 경계를 보여서 시련을 통해 완성시키려 하지 않을 수 있겠습니까.

또 신이 전에 도성에 있을 때 소문을 듣건대, 조종조祖宗朝 때부터 있어 온 궁중의 엄한 법식과 아름다운 규례가 오늘날에 와서는 대부분 쇠퇴하여 더는 예전의 관습이 없기에 지난 일을 알고 있는 내시와 궁인 중에 내심 탄식하며 슬퍼하지 않는 자가 없다고 합니다. 그 말이 사실인지는 밖에 있는 신하로서 감히 자세하게 알 수 없습니다마는, 외사外司의 여러 일로 볼 때 거짓만은 아닌 듯합니다. 신이 또 듣건대, 전하께서 잡스러운 일과 하찮은 놀이에 마음을 두시는 일이 많아 장인이 매양 궁중에 머물러 있으며 제반 공사가 장기간 끊이지 않는다고 하는데, 신은 감히 모르겠습니다마는 이 말이 사실인지요? 아, 사람의 마음은 두 곳에 쓸 수 없는 것이어서 이곳에 쓰면 저곳에 쓸 수 없고 동쪽에 쓰면 서쪽에 쓸 수 없으니, 전하의 마음이 이미 다른 일에 가 있다면 도덕을 증진하고 공업을 세우는 일과 경敬을 공부하시는 데는 혹 게을러지지 않겠습니까. 더구나 원자께서 바야흐로 어리니 모범을 보여 따르게 하는 방법이 오로지 전하께 달린 데이겠습니까. 말과 행동을 더욱 한결같이 바르게 하시어 원자로 하여금 보고 본받는 바가 있게 해야만 합니다. 바로 이 점이 실로 전하께서 십분 경계하시어 더욱 힘써야 할 바입니다.

옛날에 초 장왕楚莊王은 술을 즐기고 풍류에 방종하여 국사를 생각지 않았으나, 한번 오거伍擧의 간언을 듣고는 술과 음악을 끊고서 행실을 고치고 훌륭한 정치를 도모하였습니다. 그리하여 마침내 패자覇者의 기업을 이루었으니, 이는 진실로 천고의 미담입니다. 그럼에도 잠시 동안 허물을 고치기는 쉬우나 오랫동안 꿋꿋이 지키기는 어려우며, 잡된 패업을 이루기는 쉬우나 제왕의 학문에 순일하게 하기는 더욱 어렵습니다. 그러나 이 또한 오직 전하께서 뜻을 세우신 것이 어떠하냐에 달렸을 뿐입니다.

옛날 성왕들 중에는 궁궐의 출입을 엄히 금하고 가법을 정돈하는 것을 급선무로 삼지 않은 이가 없었습니다. 『주역』「가인괘家人卦」의 전傳에 "윤리를 바르게 하고 은의恩義를 돈독히 하라."라고 하였으니, 이른바 '은의를 돈독히 한다.'라는 것이 어찌 집안사람을 대하는 도리의 근본이 아니겠습니까. 그러나 성인이 반드시 윤리를 바르게 함을 우선으로 삼은 것은, 진실로 고금을 통하여 윤리가 바르지 못하고서 은의가 돈독한 경우가 없기 때문입니다. 비록 평범한 선비의 경우에도 이러한데, 하물며 제왕가帝王家의 경우이겠습니까.

신이 선왕조 때부터 이 말을 누차 진달하였고 전하께서 즉위하시자 차자로 아뢰고 면대해서 아뢴 적도 있었습니다만, 전하께서 과연 기억하고 계시는지 모르겠습니다. 얼마 전 온천을 다녀오신 뒤로 사람들의 말이 더욱 많아졌으나 감히 전하를 위하여 진달하는 자가 없는 것은 다른 이유가 아니라 말씀드리기 어렵기 때문입니다. 전하께서 조용히 살피시면 매우 다행이겠습니다.

신이 삼가 영돈녕 김우명金佑明의 차자를 살펴보니, 그 내용이 너무 끔찍하여 저도 모르게 전신에 소름이 끼쳤습니다. 그러나 그 까닭을 모르겠습니다. 사람들의 말에 의하면 그가 노하여 한을 품은 것이 오로지 사헌부의 계사啓辭 때문이라고 하는데, 사헌부의 계사는 사실 신에게서 나온 것이니 신이 어찌 감히 다른 사람에게 미루고 편안한 마음으로 있겠습니까. 이미 지난 일이니 다시 그 곡절을 진달할 필요는 없겠습니다마는, 대각의 관원은 일을 만나면 즉시 논핵하고 상대가 높은 지위에서 임금을 가까이 모시는 신하라 하더라도 피하지 않는 것이 본래 성조聖朝의 아름다운 일입니다. 높은 지위에서 임금을 가까이 모시는 신하도 화평한 마음으로 법에 따라 허물을 인정하여, 잘못이 있으면 고치고 없으면 더욱 힘써야 할 뿐입니다. 스스로 처신함이 이와 같다면 어느 누가 비난하겠습니까. 예로부터 높은 지위에서 임금을 가까이 모시는 신하의 겸손함과 공손함을 귀하게 여긴 것은, 이에 반하면 불길하기 때문입니다. 그런데 애석하게도 오늘날의 높은 지위에서 임금을 가까이 모시는 신하들은 이 의리를 깊이 강구하지 않는 듯합니다. 조정의 체면은 존엄하니, 높은 지위에서 임금을 가까이 모시는 신하들이 아무리 믿는 데가 있다 하더라도 어찌 감히 자신의 분한 말을 가지고 누차 성상의 귀를 어지럽히겠습니까. 국가의 체면을 훼손할 뿐만 아니라 성상의 덕에도 누를 끼칠까 두려우니, 이는 실로 성상께서 잘 헤아려 살피셔야 할 바입니다.

신이 전에 거의 반년이 넘도록 서울 집에 체류하는 동안 전하의 정사와 말씀 중에 큰 과실이 있는 것을 보지 못했으므로, 신은 항상 기뻐하면서 성상의 덕이 점차 완숙해지니 앞으로는 대체로 큰 걱정은 없으리라 생각했습니다. 그런데 근자에 소문을 듣건대 옥당玉堂의 차자에 대한 비답에 화평한 기색이 부족하셨다 하니, 이는 이미 어리석은 신이 평소 전하께 기대한 바가 아닙니다. 이어 듣건대, 장령 김익렴金益廉을 책망하신 말씀이 정도에 지나쳐서 신하로서 차마 들을 수 있는 바가 아니었다고 합니다. 이는 실로 평소 인후하게 사람을 사랑하시는 성상의 기상과 같지 않으니, 신은 감히 그 까닭이 무엇인지를 모르겠습니다. 중외에 서로 전하는 말에 의하면 김익렴이 죄를 얻은 것은 실로 전에 올린 상소에서 말한 장일張佚*에 관한 한 조항에서 비롯되었다고 하는데, 아, 그것이 어찌 사실이겠습니까. 만약 그것이 사실이라면 전하 또한 매우 괴로울 것입니다. 김익렴의 상소에 이미 신의 성명이 거론되었으니 신이 감히 그 사이에서 말참견을 할 수 없을 듯합니다만, 어찌 감히 작은 혐의를 피해 말을 하지 않아서 전하께서 그 일의 시말을 들을 수 없게 하겠습니까. 당초 보양관을 설치할 적에 여론은 대체로 "재주와 덕망이 어떠한지를 막론하고 국조國朝의 고사故事에 외척으로서 이 직임에 참여한 자는 없었다."라고 하면서, 그 부당성을 말하지 않았다 하여 신을 책망하기도 하고 보양관의 직임을 맡았다 하여 신을 비난하기도 합니다. 신의 어리석은 생각에는 비난하는 자들의

* 장일張佚 : 후한 광무제後漢光武帝 때의 사람으로, 태자의 스승을 선임하는 문제로 직언을 하였으며 태자태부를 지냈다.

말이 진실로 옳습니다. 그러나 삼사三司의 관원에게는 본래 잘못을 바로잡기 위해 규탄하는 책임이 있기 때문에 동렬에 있는 관료로서 제가 말할 바가 아니므로 아무 말도 하지 않은 채 날을 보낸 것입니다. 신이 물러나 돌아온 뒤에는 다시 신의 이름을 거론할 필요가 없는데도 김익렴이 운운하였으니, 이는 대체로 그의 타고난 성품이 가볍고 급하여 스스로 과감하게 말하려고만 하고 험한 길에서는 조심해서 달려야 한다는 경계를 생각지 않았기 때문입니다. 곧 그가 실패를 자초한 것입니다. 그러나 김익렴이 아니었다면 전하께서 어디에서 이런 말을 들을 수 있겠습니까. 화평한 심기로 너그럽게 살피소서.

또 신이 일찍이 탑전에서 인재를 배양하고 숨은 선비를 장려하여 조정에 나오게 하며 죄상과 형벌을 자세히 살필 것을 아뢰자, 대신도 같은 말로 강력히 진달한 적이 있었습니다. 그러나 그 뒤로 채용한 실상을 보지 못했습니다. 미천한 신의 말은 들을 가치도 없겠지만, 대신이 진달한 바도 예사롭게 보고 살피지 않으셨으니, 이는 매우 부당한 처사가 아니겠는지요. 대각의 계사는 한 시대의 공론을 따른 것인데, 상하가 서로 버티며 달을 보내고 계절을 넘기고 있으니, 물 흐르듯이 간언을 따르는 미덕을 또 어디에서 찾아볼 수 있습니까. 이는 모두 성상께서 더욱 살펴야 하실 바입니다. 오늘날 민생의 고달픔과 국가 정세의 불안함이 붓으로 다 형언할 수 있는 바가 아니나 대신과 삼사의 차자에 대략 이미 진술되었습니다. 전하께서 그중에 선택해 사용하시면 반드시 도움 되는 바가 있을 것입니다.

신은 현재 시골에 살면서 유민流民이 도로에 가득하여 도적이 떼 지어 일어날 듯한 형세가 계속되고 있는 것을 직접 눈으로 보았습니다. 아, 나라는 백성을 근본으로 삼고 백성은 먹는 것을 하늘로 삼는데, 해마다 흉년이 들어 먹을 것도 없고 입을 것도 없어서 죽음이 닥치고 있으니 어찌 사방으로 흩어져 가서 크고 작은 죄를 짓지 않을 수 있겠습니까. 이는 필연의 이치이니, 그 정상을 따져 보면 불쌍하여 미워할 수만은 없습니다. 민생이 곤궁하여 나라의 근본이 이미 흔들리고 있으니, 마치 불을 끄고 물에 빠진 사람을 건지듯이 크게 융통성을 발휘하고 크게 변혁하지 않는다면 결코 무사히 지탱할 수 없을 것입니다. 아, 위태롭다 하겠습니다.

오늘날 민생의 고달픔을 부르는 일이 한두 가지가 아니지만, 그중에서 가장 심한 것을 뽑아서 말하자면 단연코 신역징포身役徵布와 조적 포흠糶糴逋欠 두 가지입니다. 신은 시골 늙은이들에게 익히 들은 것을 가지고 전하를 위해 진달하겠습니다. 대체로 식구가 몇 안 되는 가난한 백성의 집에서 경작하는 전지가 얼마나 되겠습니까. 일 년 내내 힘들여 농사지어 풍년을 만난다 해도 빚 갚고 세금을 내고 나면 쌀독이 이미 바닥나므로, 매년 봄여름 사이에는 으레 푸성귀만 먹어 배 속이 텅 비는 근심이 있습니다. 더구나 농사가 잘 되지 않아 수확이 평년의 반에도 미치지 못한다면, 장차 무엇으로 조세를 내고 무엇으로 처자를 먹여 살리겠습니까. 게다가 신역 징포에 명목이 많아서, 가장 많이 내는 자는 정목正木을 4, 5필까지 내고, 적게 내는 자도 그 수량이 3필 이하로는 내려가지 않습니다. 이른바 정목은 모두 45, 46자의 세면포인데, 정미精米 10여 말을 주지 않고는 이 세면포를 살 수 없습니다. 풍년에는 1필의 값이 거의 1섬에 이르니, 일 년 동안 농사지은 얼마 되지 않는 수확 중에서 베를 사기 위해 3, 4섬의 쌀을 덜어 낸다면 무슨 여분이 있어서 살아갈 수 있겠습니까.

그중에서 몹시 가난한 자들은 논밭과 집을 다 팔아서 신포身布를 바치니, 당시唐詩에서 이른바 "눈앞의 상처 고치려고 염통살을 깎아 낸다.醫得眼前瘡 剜却心頭肉"라는 구절이 참으로 적실한 말입니다. 이미 논밭과 집을 팔아서 더는 지탱할 방법이 없게 된 뒤에는 처자를 이끌고 울부짖으며 떠돌게 되는데, 친척이나 이웃은 감히 만류하지도 못합니다. 이들은 끝내 산중으로 들어가서 '입작入作'이라 칭하며 화전火田으로 생계를 유지합니다. 그러나 거처를 정할 수 없다 보니 성명을 숨기고 난민을 자처하므로 마음이 자연히 불량해지고 풍속도 따라서 날로 투박해집니다. 매번 상납 때가 되면 여러 상사의

각 아문에서 문서를 조사하여 신포를 징수하는 명령이 호랑이보다 엄하기 때문에, 수령들은 어찌할 수 없이 한결같이 그들과 가까운 이웃이나 친척에게 징수하는 잘못된 규례를 따라 유혈이 낭자하게 매질을 하며 오직 독촉을 일삼습니다. 이는 참으로 "거북 등의 털을 깎아 털옷을 만들려 하면, 털옷은 만들어지지 않고 등껍질만 뚫어진다."라는 격입니다. 이웃과 친척이 또 도망가면 이웃의 이웃과 인척의 인척에게까지 징수하고, 심지어 전에 그 집에 살던 자까지도 그 해를 입기 때문에 온 경내가 소란하여 실상이 참담합니다. 비록 형편이 조금 나은 집도 이미 자기의 신포를 바치고 또 일족의 신역을 담당하다 보니 갈수록 견디기 어렵습니다. 그럼에도 지탱해 가는 것은 오직 목화로 산업을 일으켜 베틀이 쉬지 않기 때문이었는데, 불행하게도 근년에는 목화가 희귀해서 백성들이 더욱 의지할 곳이 없으므로 모두 사방으로 흩어질 생각을 품고 있습니다.

해마다 장정을 조사하기 위해 수색할 적에 조정에서는 어린아이는 충원하지 말라는 명을 내립니다. 하지만 수령들이 밀가루가 없는데 무슨 수로 국수를 만들 수 있겠습니까. 그러므로 부득이 현존한 부역자 가운데 아직 도망가지 않은 자의 어린 아들을 명단에 올려 책임을 때웁니다. 부자父子의 인원수가 4, 5인인 경우 1인을 감면하는 법도 시행되지 않고 있습니다. 신이 근래 다음과 같은 이야기를 들었습니다. 한 촌 아낙이 아이 하나는 등에 업고 다른 아이는 손에 잡고서 한 외로운 무덤 앞에서 통곡하는 모습이 마치 영원히 작별을 고하는 듯하였는데, 그 울음소리가 가슴을 찢는 듯이 슬퍼서 차마 들을 수 없었다고 합니다. 마침 그곳을 지나던 길손이 괴이하게 여겨 사연을 묻자, 그 아낙이 말하기를 "내 남편이 병들어 죽은 지 이미 3년이 지났는데도 대신할 사람을 구하지 못하여 여전히 백골징포白骨徵布를 바치고 있습니다. 작년에는 일곱 살 된 아이가 또 명단에 들어갔고, 등에 업힌 네 살 아이도 금년에 명단에 들어갔습니다. 종전에 반드시 고향에서 목숨을 보존하려 했던 것은 단지 죽은 남편의 외로운 무덤이 이곳에 있기 때문이었으나, 이제는 결코 감당할 수 없는 형편이어서 도망가려 합니다. 그러므로 이곳에 와서 남편의 무덤에 작별을 고하는 것입니다." 하고는 하늘을 부르짖으며 통곡하니, 이 말을 전해 듣고 가엾게 여기지 않는 자가 없었다고 합니다. 전하께서도 이 이야기를 들으시면 반드시 가슴 아파하실 것으로 생각합니다. 궁벽한 시골에 이와 같은 자가 어찌 한이 있겠습니까. 노약자는 구렁에 굴러 죽고 건장한 자들은 모여 도적이 되어서 곳곳에서 날뛰고 있습니다. 이들이 단지 좀도둑의 무리가 아니고 보면 외구의 침입이 없더라도 반드시 무너질 우려가 있으리라는 것은 분명합니다. 지금 대처할 방도를 세우지 않았다가 하루아침에 변란이 일어난다면 군신 상하가 아무리 피눈물을 흘리며 한탄한들 소용없을 것입니다. 아, 백성의 괴로움이 끝내 이에 이르렀으니, 하늘의 견책이 거푸 이른다 해도 이상할 것이 없습니다.

신이 듣건대, 여러 관사가 급할 때의 수요에 대비하기 위해 은과 베를 저축하고 있으며 이 가운데 내탕고가 저축하고 있는 양 또한 적지 않다고 합니다. 금년에 목화가 이처럼 흉작이고 사세의 급박함이 또 이와 같은데, 전하께서는 어찌하여 먼저 내탕고의 저축을 내놓고 이어 관사의 창고도 열어 곤궁한 백성의 신역을 전부 또는 절반을 감면하여 크게 은혜를 베풀지 않으십니까. 이렇게 하시면 마른 풀이 단비의 은택에 젖어 되살아나듯이, 이미 흩어진 백성들이 되돌아와서 모이고 아직 흩어지지 않은 백성들도 보존할 수 있을 것입니다. 재앙을 종식하고 도적을 막는 방법과 눈앞의 위급한 사항을 구원하는 방책으로 이보다 좋은 것이 없습니다. 그러나 근원을 깊이 찾아서 변통하고 변혁하는 논의는 이에 포함되어 있지 않습니다.

신이 일찍이 온양 행재소에서 탑전에 면대하여 조적 포흠에 관해 진달하면서 널리 탕감하는 은전을 시행하도록 청하니, 성상께서 간절한 말씀으로 변통하도록 허락하셨습니다. 그러나 묘당이 관례에 따라 반대하자 수령들도 다시 반대하는 바람에 위로 향한 원성만을 증가시켰을 뿐 백성들에게 실제 혜택이 내리는 것을 보지 못했습니다. 진실로 통탄스럽습니다. 이른바 '가가호호 도망하여 징수할 곳이 없다.'라는 경우는 차치하고라도 현존하는 민호마저도 해마다 계속된 흉년으로 징수할 방법이 없으니, 이는 실로 수령이 태만하여 생긴 일이 아닙니다. 그런데도 밖으로는 감사監司가, 안으로는 해당 관청이 반드시 전량 징수하는 것을 기준으로 삼아 끊임없이 독촉하고 감면을 허락하지 않습니다. 그러므로 각 고을에서는 매번 징수하지 못하고도 이미 징수한 것으로 처리하여, 전임과 후임 수령이 계속 거짓으로 속이면서 서로 비호하고 있습니다. 그러니 그 죄는 전적으로 수령에게만 있는 것이 아닙니다. 오늘날 각 고을의 조적에는 실로 허수를 기록한 것이 많으며, 모곡耗穀을 갚기 위해 다시 모곡을 빌리니 해마다 이자가 늘어나 이웃과 친족이 대신 징수당하는 일이 끝없습니다.

지난해 연신筵臣의 진달로 인해 모곡을 감하라는 분부가 있었으나 좌우의 견제로 성상의 분부를 거행하려는 자가 없었습니다. 근일 상평청의 삼분모곡을 줄여 주라는 명은, 얼핏 들으면 은혜로운 정사 같습니다. 하지만 그 실상을 자세히 따져 보면 환곡이 3000섬 이상 되는 고을이어야 비로소 삼분모를 행한다는 것이 상평청 규례에 실려 있으니, 충청도로 말하면 3000섬이 넘어서 혜택을 받을 수 있는 곳은 몇몇 큰 고을뿐이고 그 밖의 고을은 모두 혜택을 입지 못합니다. 그리고 재해를 입은 논밭에 모곡을 감해 주라는 명으로 말하더라도, 금년의 흉작이 작년보다 더했으면 더했지 덜하지 않은데, 몇몇 침수당한 곳과 해일을 당한 곳 이외에는 해당 관청이 재결災結로 허락하지 않았습니다. 이미 재결로 허락하지 않았으니 각 고을이 무슨 근거로 그 모곡을 탕감하겠습니까. 다만 헛된 말로만 들릴 뿐이요, 실질적인 혜택은 볼 수가 없습니다.

오늘날의 일에 대체로 이와 같은 것이 많으니, 바라건대 전하께서는 마음으로부터 결단하여 특별히 지시를 내리소서. 여러 도의 조적을 허수로 기록한 전후의 수령들을 다시 조사하지 말고 스스로 잘못을 보고하게 하여, 감사로 하여금 사실대로 밝혀 낸 다음에 우선 여러 해 동안 허수로 부풀린 모곡을 다 탕감하게 하소서. 그리고 비록 도망가서 절호絶戶가 되지는 않았지만 그중에 가장 가난하여 결코 징수할 수 없는 자도 아울러 참작하여 탕감해 주시면, 실제 혜택이 백성에게 미쳐서 수심과 원망이 다소 풀릴 것입니다. 가난한 백성을 보호하고 외로운 백성에게 은혜를 내려 생기가 돌게 하는 시급한 정책으로 이보다 좋은 것이 없습니다.

오늘날 정사를 의논하는 자들은 모두 나라의 곡식을 경감할 수 없다고 합니다. 그러나 한갓 헛된 장부만 끼고 있어 보았자 나라에 무슨 도움이 되겠습니까. 모든 일은 오직 실제만이 중요합니다. 십수 년 이래로 사대부 사이에는 '나라 편',

'백성 편'이라는 말이 유행하는데, 대체로 진정으로 백성을 사랑하는 자를 '백성 편'이라 하고, 가혹하게 징수하는 방식으로 일을 처리하는 자를 '나라 편'이라고 합니다. 신은 일찍이 이를 망국亡國의 말로 여겼습니다. 백성이 바로 나라이고 나라가 바로 백성인데, 이를 나누어 별개로 여기니 어찌 이런 이치가 있습니까. 옛날에는 이런 말이 있은 적이 없었으니, 전하께서는 이를 모르셔서는 안 됩니다.

올봄에 있었던 기아 현상은 실로 신이 평생 동안 보지 못했던 바이므로 일찍이 탑전에서 진달한 적이 있습니다. 잠잠히 생각해 보건대 다음 해에는 양식을 구하기가 반드시 올봄보다 배나 더 어려울 것 같습니다. 다른 곳은 어떤지 모르겠으나 신이 살고 있는 인근은 실상이 모두 이러합니다. 간절히 바라건대 전하께서는 묘당에 자문하여 구제책을 미리 강구하소서. 그리고 조속히 어사를 파견하여 민정을 자세히 살펴서 지성으로 진휼하게 하시면, 올봄에 굶어 죽은 시체가 길에 가득한데도 조정에서 전혀 모르고 있었던 경우처럼 되지는 않을 것입니다.

아, 오늘날의 상황에 대해서 말할 만한 일이 하도 많아서 붓으로 다 쓸 수 없으므로 신은 그 대략만을 거론하였으니, 전하께서는 이를 미루어 다른 일들까지 헤아리소서. 아, 조용히 국사를 생각해 보니, 진실로 통곡이 나옵니다. 안으로는 조정의 사대부 사이에 의론과 생각이 백 갈래, 천 갈래로 갈리어 헛되이 세월만 보낼 뿐이지 지성으로 책임지고 시대의 어려움을 구제하려는 사람이 없으며, 밖으로는 백성은 근심하고 군사들은 원망하며 도적 떼는 사방에서 일어나니, 반드시 망할 형세임은 총명한 자가 아니더라도 알 수 있습니다. 그러나 믿을 바는 오직 성상의 자질이 인자하고 명철하여 결코 나라를 망칠 임금이 아니라는 것뿐입니다. 사람들이 항상 "임금 한 사람의 마음이 만화萬化의 근원이다."라고 말하는데, 이 말이 지극히 평이하고 진부한 것 같지만 실로 지극한 이치가 담겨 있습니다. 삼가 바라건대, 성상께서는 먼저 이 마음부터 세워 분발하여 큰일을 도모하시고, 옛 병통을 제거하여 새로운 공부에 더욱 힘쓰소서. 하늘의 탓으로 돌리지도 말고 현 상황을 핑계하지도 말아서 의연히 나라의 근본을 공고히 하고 세도世道를 만회할 것을 스스로 기약하소서. 신이 전에 "항상 작은 방에 거처하며 선왕의 덕을 좇으소서."라고 진달한 말에도 유념하시어 마음을 맑게 하고 몸을 정양靜養하는 일에 조금도 게을리하지 마소서. 작은 즐거움에 빠져 원대한 계획을 잊지도 말며, 형식적인 규제에 얽매여 진실된 공부를 폐하지도 마소서. 부지런히 법도를 따라 노력하여 날로 진보하고 달로 새로워지면, 대본大本이 확립되고 온갖 일이 다 거행되어서 백성의 마음이 스스로 기뻐하고 하늘의 뜻도 즐거워할 것입니다. 이는 비단 오늘의 재앙을 없앨 뿐만 아니라 장차 국운도 무궁히 연장시킬 수 있을 것입니다.

전하께서 『심경』 한 책을 얼마 전부터 강독하기 시작하셨는데, 모르겠습니다마는 신이 물러난 뒤에도 과연 중단하는 일이 없으신지요. 진실로 이 책에 힘을 써서 날마다 부지런히 하시면 하늘을 우러러 대하고 마음에 의심을 두지 않는 공부에 얻는 바가 많을 것이니, 천명에 순응하고 백성을 안정시키는 도가 어찌 여기에서 벗어나겠습니까. 정자의 말에 "글을 읽기 전에도 이러한 사람이고 읽은 뒤에도 이러한 사람일 뿐이라면 이는 읽지 않은 것과 똑같다."라고 하였으니, 전하께서 이 말을 두렵게 생각하시면 군덕君德과 국사에 매우 다행이겠습니다. 그리고 신이 제수받은 사헌부의 직책은 얼마 전에 사직소를 올렸으니 이미 체직하셨을 것으로 생각됩니다마는, 그 밖에 겸임한 여러 직함도 어찌 시골에서 그대로 맡고 있을 수 있겠습니까. 삼가 바라건대, 아울러 교체하여 신의 분수를 편안하게 하소서. 그렇게 하시면 매우 다행이겠습니다.

1665년 9월에 송준길은 원자와 상견례를 하고 강학을 하는 한편, 병을 이유로 계속 휴가를 청하였다. 그러던 중 영남의 시험관이 시험 문제의 제목을 핑계로 송준길을 배척하자 결국 돌아갈 뜻을 굳혔다. 이에 대해 옥당의 몇몇 사람이 현종에게 "송준길이 억지로 머무른 것은 단지 성상의 강학을 권면하기 위해서일 뿐이었습니다. 그런데 근래 경연을 여는 날이 드물어 일폭십한이 되는 것을 면하지 못하시니, 지금 그가 돌아감은 '오래 머물러 있어도 내가 할 수 있는 일이 아무것도 없다.'라는 뜻일 것입니다. 맹자가 말하기를 '공경의 형식만 있고 공경의 실질이 없으면 군자는 이런 허식에 얽매여 머물지 않는다.' 하였으니, 이 말이 바로 성상께서 두렵게 생각하셔야 할 곳입니다."라고 진언하였다.

현종은 돌아가려는 송준길을 여러 차례 만류하였지만, 그는 결국 10월에 상소를 남기고 도성을 나와 고향으로 발걸음을 돌렸고, 현종은 사관을 보내 뒤쫓아 가서 별도로 진언을 구하는 명을 전하게 하였다. 이 상소는 하늘의 노여움에 응대하고 백성을 구제할 방책을 묻는 현종의 별유에 대한 답이다.

비교적 긴 상소문인데, 송준길은 우선 자신과 김우명, 김익렴의 일에 관한 입장을 밝히고 있다. 그리고 오랜 재해로 인해 흉년이 이어지는 상황에서 피폐해진 백성의 삶을 자세하게 진달하며, 우선 안으로 현종이 군왕으로서의 덕을 닦을 것과 밖으로 관사가 비축하고 있는 물품을 풀어 민생을 구제하는 것, 백성에 대한 가혹한 징수 현황과 더불어 삼분모 정책 실행의 미비점을 논하였다. 특히 현종의 완호품에 대해 지적하고 공부를 게을리하는 점을 직접 지적하고 있다. 바로 앞서 원자와 만났었기에 현종에게 원자의 모범이 될 것도 강하게 호소하고 있다. 특히 『심경』 공부에 매진하도록 당부하는 마지막 대목에서 '근본'을 강조하는 면모를 다시금 확인할 수 있다.

이 시기에 벗들에게 보낸 편지 내용을 보면, 자신의 상소 내용이 위로는 임금의 마음을 거스르고 아래로는 귀척대신들을 거론하였기 때문에 문제가 되지 않을까 걱정하고 있다. 그러나 송준길이 상소에서 지적한 사항에 대해 현종은 비교적 겸허하게 받아들인 것으로 보인다. "정성스럽고 간절한 경의 상소를 보고 우국 애군憂國愛君하는 경의 충정을 생각하니, 나도 모르게 감격과 탄식이 번갈아 나왔다. '허물이 있으면 고치고 없으면 더욱 힘쓰라.'라는 말은 가슴에 깊이 새기지 않을 수 있겠는가. 아, 김익렴에 관한 일은 중외에 서로 전하는 말이 이와 같다 하니, 세도가 한심함을 충분히 알겠다. 상소 말미에 민생의 곤궁하고 초췌한 실상 등에 관해 진술한 내용은 말의 뜻이 더욱 절절하니, 묘당과 더불어 상의해 처리하겠다. 경은 사직소를 올리지 말고 조용히 잘 조섭하고서 속히 마음을 돌려 나의 지극한 바람에 부응하라."라는 비답을 내렸다.

원자와의 상견례
與李幼能

수일 전에 원자와 상견례를 하였는데, 어제 입시할 때에 또 성상께서 원자를 자리에 나오도록 명하셨다네. 원자를 우러러 보건대 옥처럼 아름다운 자질이 기특하셨네. 하늘이 우리 종묘사직을 돕는 것이 지극하다고 할 수 있으니, 기쁘고 축하하는 마음을 언어나 문자로는 형용할 수 없네.

성상께서 나 같은 천신에게 "겨우 상견례를 치렀고 아직 개강도 하지 않았으니, 서둘러 떠나서는 안 된다."라고 하시므로 머물면서 수차 시강한 뒤에 떠나고자 하네.

이 글을 포함하여 이단상李端相 1628~1669과 김수항金壽恒 1629~1689에게 보낸 편지는 송준길이 원자 보양관을 사양하고 별유에 대한 대답으로 상소를 올릴 당시에 주고받은 편지이다. 벗들에게 전하는 글로써 이때의 사정과 심경을 엿볼 수 있다. 송준길은 원자를 직접 대면하게 된 정황을 이단상에게 전하며 기쁨을 감추지 못하고 있다. 이를 통해 원자를 만난 것이 그의 사직을 늦췄음을 알 수 있다.

원자를 가르쳐 보니

答李幼能

나그네의 괴로움으로 우울한 중에 그대에 대한 염려로 마음이 항상 불안하던 차에 정다운 편지가 연이어 당도하고 자상한 말 또한 정중하니, 기쁘고 위로되는 마음이 평상시보다 실로 더하다네. 그러나 그대는 이미 철새처럼 결연히 떠났으면서 매양 나에게는 머물기를 권하니, 자신과 남을 똑같이 보는 뜻이 아닌 듯하네.

원자를 모시고 두 차례 강학하였는데, 음성이 낭랑하고 필획이 날아 움직이는 것 같았네. 기쁘고 경사스러운 마음을 붓으로는 형언할 수 없네. 그러나 나는 노쇠하여 거의 죽게 된 몸이라서 추운 겨울철에는 돌아가서 조섭하지 않을 수 없으므로 곧 지난번의 청원을 되풀이해 청하고자 하네. 어떤 지시가 내릴지 몰라 마음이 몹시 불안하네.

한창 소장의 초본을 쓰느라 손이 바빠서 대필시켰네. 이만 줄이네.

원자와 두 차례 강학을 마친 소감을 이단상에게 전하면서, 겨울이 다가와서 돌아갈 수밖에 없는 자신의 상황과 사직이 받아들여지지 않을까 노심초사하는 마음을 적었다. 그리고 앞서 살펴본 「진언을 구하는 별유에 응대하고 이어 해직을 청하는 상소」를 작성하고 있다는 것도 언급하였다.

집으로 돌아와서 상소가 걱정되어

答李幼能

정다운 그대의 편지를 상자 속에 넣어 두고 때때로 꺼내어 읽어 보니, 이 사람으로 하여금 감개를 금할 수 없게 하는 것들이 있네. 하지만 붓으로는 이 심정을 묘사할 수 없다네.

나 또한 집으로 돌아오고 며칠 지나지 않아 내상內傷과 외감外感의 증세가 생겨 걱정이라네. 앓고 있는 지가 몇 달이 되었는데도 아직까지 자리에 누워 있다 보니, 인편을 찾아 멀리 보내는 편지를 쓰려고 해도 정력이 미치지 못하네. 병중에 그리운 마음만 잊지 못하고 있을 뿐이네.

요사이 혹한은 실로 최근에 없던 것인데, 이 또한 북방의 찬 기운이 따뜻한 기운을 몰아내서가 아니겠는가. 타향살이에 조섭은 어떻게 잘하고 계신가? 혼사도 이미 잘 치르셨는가?

나는 수건으로 머리를 동여매고 죽을 날만 기다리는 몸이라 세상만사에 아무 미련이 없고, 또 몸이 이미 조정에서 물러났으니 꾸며 낸들 무엇 하겠는가. 말을 할 때와 침묵할 때에는 본래 그 도리가 있는 것이지만, 뜻밖에 진언을 구하시는 별유가 멀리 시골에 있는 이 몸에 내렸으니 감히 품은 생각을 다 말씀드리지 않을 수 없었네.

그러나 높은 지위에서 임금을 가까이 모시는 신하를 언급했으니 반드시 생트집과 비방을 부르겠지. 보탬은 없고 해로움만 있을까 매우 두려워 밤낮으로 두려워 떨고 있네. 조만간에 혹 그 소본疏本을 보거든 잘못된 곳을 지적해 알려 주는 것이 어떻겠는가? 이만 줄이네.

귀향한 후에 이단상에게 보낸 이 편지에서는 진언을 올린 후 귀척대신들에 대해 언급한 자신의 상소가 문제를 일으키지는 않을까 걱정스럽고 조심스러운 마음을 전하고 있다. 아울러 다음 편지에서 김수항에게도 자신의 상소문을 보게 되면 잘못된 곳을 지적해 달라고 부탁한다.

원자의 공부는 어떠한가
答金久之

책 속에서 "옛사람들은 산림에 은거하면서 도시를 그리워하는 것을 비난하였다."라는 구절을 볼 때마다 이 말에서 맛을 느꼈는데, 오늘날 내가 이런 지경에 이를 줄은 생각지 못하였네. 그러나 내가 그리워하는 바는 옛사람이 비난한 것과 다른 듯하여 병중에 때때로 웃음을 짓는다네. 그런데 뜻밖에 이즈음 대감의 편지가 당도하여 종이에 가득한 정다운 말씀이 감개를 금치 못하게 하였네. 공경히 읽고 나자, 황홀한 이 심정을 붓으로는 형언할 수 없다네.

나는 뜻밖에 진언을 구하는 별유를 받았으므로 병을 참아가며 상소문을 지어 품고 있는 생각을 다 말씀드렸다네. 그러나 도움은 없고 해로움만 있을까 매우 염려되어 밤낮으로 두려움에 떨고 있네. 그러니 대감이 그 잘못된 곳을 일러 주면, 지금은 비록 늦었지만 뒷날의 경계는 될 수 있을 것이네.

꼼짝 않으면서도 깊이 사리를 터득하는 대감을 생각할 때마다 나로서는 감히 미칠 수 없는 바여서 감탄하고 부끄러워하며 굴복할 뿐이었네. 이만 줄이네.

원자의 학업이 날로 진보한다는 말씀을 들으니 기쁘고 경사스러운 마음이 지극하여, 나도 모르게 감정이 격앙되어 마치 향 연기가 오르고 양탄자가 깔린 강학 자리에서 원자를 직접 모시고 있는 듯하였네. 바라건대 대감은 부제학과 함께 지성으로 이끌어서 신명과 백성의 큰 기대에 부응하시게나.

경 1장은 이미 섭렵하신 적이 있기 때문에 읽어 올리는 것을 받아들이기가 자못 수월하실 테지만 그 밑의 글은 몇 번을 읽어 올려야 잘 읽으시던가? 부디 인편에 알려 주어 먼 외방에 있는 이 사람의 회포를 위로해 주시기 바라네.

송준길이 김수항에게 준 두 편의 편지에서 이미 조정을 떠나 시간이 흘렀음에도 원자의 학업에 대한 관심이 여전하여 김수항이 전한 원자의 소식에 매우 기뻐하고 있음을 알 수 있다. 특히 원자가 몇 번을 반복해야 잘 하는지를 알려 달라고 부탁하는 세세함에서 그의 생각이 온전히 원자에게 매여 있음을 쉽게 짐작할 수 있다.

서울 소식이 궁금해서

與閔持叔

우연히 퇴계가 어떤 이에게 준 편지를 열람하니, "평생 남에게 무엇을 요구한 적이 없었으나, 근래 석역石役이 절박하여 현관縣官에게 숯 몇 섬을 요구할 수밖에 없었으니, 지극히 부끄러워 한탄스럽다."라고 한 말씀이 있었네. 이 말씀이 나로 하여금 격앙되는 심정을 금할 수 없게 하였네. 퇴계의 지조라면 비록 영감에게라도 요구하는 바가 전혀 없었을 것인데, 나는 영감에게 요구한 것이 전후로 몇 번인지조차 모를 지경이네. 비유하자면 퇴계는 한 번의 날갯짓에 천 리를 나는 황곡黃鵠이고, 나는 종일을 기어도 한 자도 못 가는 굼벵이라 어찌 크게 부끄럽지 않겠는가.

'선화당宣化堂' 세 자를 큰 글씨로 써서 보내네만, 글씨가 매우 변변치 못하여 부끄럽네. 다른 종이에 써서 보내는 글씨는 더욱 졸렬하네.

어제 강학청의 보고를 보건대 원자께서 이미 『효경孝經』의 강학을 다 마치시고 이제 복습하는 중이라 하니, 이야말로 더없는 경사일세.

이 편지는 1666년, 저자 나이 61세 때 쓴 것이다. 송준길은 현종이 수차례에 걸쳐 만류했음에도 고향으로 돌아왔지만, 그가 민유중에게 보낸 이 편지에서 드러나듯 마음은 늘 나랏일에 간절히 매여 있었다. 특히 현종과 원자의 공부에 대해서 날마다 빠짐없이 하고 있는지 가장 마음을 쓴 것으로 보인다. 그러면서도 조정으로 돌아가는 것은 강하게 사절하였다.

서울 소식을 듣고서
與李季周端夏

신정을 맞이하여 멀리서 공사 모든 방면에서 그대가 큰 복을 받았을 것으로 생각하며 하례하는 마음 이루 말할 수 없네.

종래에 약간 편찮으시던 성상의 옥체가 지금은 이미 쾌차하여 강연을 다시 여셨는지, 원자의 강학도 날로 새로워지고 중단이 없는지, 먼 외방에 있는 몸이라 소식을 자주 들을 수 없다 보니 걱정되는 마음이 밤낮으로 간절하였네. 그러던 차에 지난 섣달 23일에 보내 준 편지를 수일 전에 비로소 받아 보고서, 서찰 가득한 친절한 정성에 감동하여 궁벽한 산중에서 크게 수심에 젖어 있던 마음이 매우 위로되었네.

나는 평생 병을 지닌 몸으로 이곳에서 어느덧 환갑의 나이가 되었으니, 이는 당초에 바라지도 못했던 일이네. 하지만 장차 나의 신세를 생각해 보면 여기에서 끝날 것이니, 슬픈 한숨이 절로 나온다네. 마음에 온갖 생각이 일어나지만 어찌하겠는가.

천변天變과 재이災異가 그치지 않아 우려스러운 일이 날로 심해지니, 근심스럽고 두려운 생각이야 멀리 시골에 있다 해도 어찌 차이가 있겠는가. 듣자니 옥당에서 차자를 올리려 한다는데, 누가 지었으며 어떤 논의가 담겼는가? 보고 싶은 마음 간절하네만 방법이 없구려.

『주역』「태괘泰卦 구이九二 효사爻辭」*가 오늘의 긴요한 약이 아니겠는가. 임금의 마음이 확립되지 않으면 뭇사람의 마음도 따라서 해이해져 만사가 이로 인해 어그러지게 되리니, 이는 실로 매우 급한 근심이네. 그러나 만약 하늘과 땅의 도움을 얻어 상하 대소가 모두 맨몸으로 강을 건너는 용기로 분발하여 위태로움을 구하고자 한다면, 나랏일을 다스릴 수 있을 것이네. 신년을 맞아 크게 축원하는 바는 오직 이것뿐일세.

북방 백성들이 어리석어 방향을 모르는 것은 본래 유래가 있는데, 그대와 감사 민광훈이 정성을 다해 개도한 덕으로 크게 변화하는 데 이르렀다고 하니, 세도世道에 이루 말할 수 없는 다행이 아닌가.

서로 만나 토론할 수 없으니 편지를 쓰려고 종이를 대하자 슬프고 한스럽네. 끝으로 더욱더 자중하고 노력하여 그대를 아끼는 나의 마음에 부응해 주기 바라네. 이만 줄이네.

* 주역……효사爻辭 : 모든 것을 감쌀 수 있는 너그러운 도량을 가지며, 맨몸으로 황하를 건널 수 있는 용맹으로 분발해 개혁하며, 멀리 있는 인재를 버리지 않고 등용하며, 가까운 벗이라 하여 사정을 두지 않으면 중도에 맞을 것이다.包荒 用馮河 不遐遺 朋亡 得尙于中行

이 편지도 앞의 편지와 같은 해에 쓴 것이다. 이단하李端夏 1625~1689는 유명한 문장가 택당澤堂 이식李植 1584~1647의 아들이자 송시열의 문인이다. 이단하는 1664년부터 1665년까지 함경도를 관리하는 업무를 맡았는데, 지역 인재를 발굴하고자 과거 시험을 치르고 이후 조정으로 돌아와 북도北道에 관해 시무책을 제출하기도 하였다. 편지에서 북방 백성들에 관한 언급은 이와 관련이 있다. 이해에 현종이 온천을 하러 와서 송준길을 데리고 함께 서울로 올라가려고 했는데, 송준길은 부득이 따라가다가 천안쯤에서 뒤처져서 결국 고향으로 다시 돌아왔다.

부친의 묘지명을 써서 보내네
答南雲路

전에 역리驛吏 편에 영감의 서찰을 받고서 종이에 가득한 다정한 말을 살피고 나니 마치 서로 얼굴을 마주한 것 같았네. 위로되는 마음을 붓으로는 다 말할 수 없었네. 그런데 얼마 되지 않아서 뜻밖의 재액을 당했다는 소식을 들었네. 벼슬길의 영욕이 으레 그런 것이라고는 하지만 어째서 이 지경에 이르렀단 말인가. 개탄을 금할 수 없네.

나는 근래 노쇠하여 병이 심해지는 것을 느낄 뿐이니, 스스로 헤아리기에도 오래 살기 어려울 듯하네. 그러나 운명에 맡겨 자연의 변화에 순응할 뿐, 다시 어찌할 수 있겠는가.

전일에 부탁한 글은 내가 감당할 수 없음을 잘 아네. 책을 펴 놓고 몇 줄도 읽지 못한 지가 이미 5, 6년이나 되고 보니, 남에게 보내는 평범한 편지를 쓰기에도 부족함을 느끼는데, 더구나 이렇게 간절한 청을 어찌 들어줄 수 있겠는가. 그러므로 그대의 서찰을 받아 상자 속에 넣어 두고서 감히 붓을 잡을 생각을 하지 못했네.

그런데 얼마 전에 손자 아이가 영감의 은근한 뜻이 더욱 지극하다고 말해 주었네. 돌아가신 분을 생각할 때 감히 부탁을 저버릴 수가 없어서 억지로 지었네만, 어찌 모양이나 제대로 갖추었겠는가. 보고 나서 다른 사람에게 보이지 말아 주시게.

손수 직접 써 달라는 부탁도 감히 저버리지 않았네만, 늙은 이의 글씨라 형편없음이 이 지경이네. 이 글씨를 보면 나의 쇠퇴가 이미 극에 달했음을 알 것이네. 처음에 썼다가 버린 몇 폭도 함께 보내니, 한번 보고 나서 장독 덮개로나 쓰시게. 이만 줄이네.

1667년 62세 때에 보낸 편지이다. 남구만南九萬 1629~1711은 1657년 경연에 참여했다가 송준길에게 칭찬을 받고 이후 스승으로 섬겼고, 1661년에 송준길이 낙향하자 현종에게 그를 만류하기를 힘껏 청하였다. 1665년에 남구만의 부친 남일성南一星이 죽자 남구만은 삼년상을 치르고 평소 존경하는 스승인 송준길에게 부친의 묘지명을 짓고 손수 써 주기를 부탁한 것으로 보인다. 송준길과 남일성은 효종조 때 인연이 있었다.

『심경』을 임금께 강의하느라
答李幼能

비 오는 날에 정다운 편지를 받으니, 기쁨과 위안이 평소보다 배나 더하네.

길보吉甫 윤선거의 죽음은 그 애통함을 어찌 말로 다할 수 있겠는가. 그러나 시운時運에 관계된 일이니 어찌할 수 있는 것이 없네. 오늘 임금께서도 특별히 탄식하며 애석해하시는 전교傳教가 있었으니, 비통한 감정이 갑절이나 간절하였네.

나는 고향으로 돌아갈 생각이 하루가 급하네만, 성상께서 "『심경』 상권 마지막 부분에 강독을 마치지 못한 곳이 있으니, 부디 이를 다 마친 뒤에 내려가라."라고 분부하셨네. 물러나와 따져 보니, 아직 남은 것이 수십 장이네. 떠나자니 성상의 마음에 이미 좋은 의사를 갖고 계신데 차마 매몰차게 떠날 수가 없고, 머물자니 또 매우 절박하여 어찌할 바를 모르겠으니, 미혹한 나에게 부디 길을 일러 주시기 바라네. 이만 줄이네.

1669년64세에 송준길은 조정에 남아 경연과 세자의 교육을 맡고 있었다. 이 편지는 이단상에게 자신이 임금에게 『심경』을 강의하느라 고향으로 떠나지 못하고 머물러 있는 심정을 하소연하고 있다.

건강이 좋지 않은 송준길이 고향으로 돌아갈 것을 거듭 주청하자, 춘방관春坊官 및 태학생들이 상소하여 만류를 청하였고, 조정의 대신들도 만류하기를 적극 청하였다. 하지만 현종은 결국 그가 돌아가는 것을 허락하였다.

돌아가는 날에 송준길은 "지금 멀리 떠날 때가 되어, 전에 올린 말을 거듭 올리겠습니다. 세자께서 이제 교육받을 때가 되었으니, 독서하는 이외에 습관이 지혜와 함께 자라고 변화가 마음과 함께 이루어지는 노력을 조금도 늦추어서는 안 됩니다. 그러니 성상께서 반드시 먼저 마음과 몸을 닦아 본보기를 보여 주신다면, 실로 성상과 세자께 서로 유익한 방도가 될 것입니다. 예로부터 임금에게는 스스로를 다스리는 방법이 매우 많았으나 지금은 남아 있는 것이 없고 단지 경연 한 가지 일에만 옛날의 뜻이 남아 있을 뿐인데, 지금 만약 경연을 중도에 그만두신다면 어찌 애석하지 않겠습니까."라고 아뢰었고, 현종 역시 "유의하고서 더욱 노력하겠다."라고 하였다. 이때 윤선거가 타계하였는데, 윤선거의 죽음은 송준길뿐만 아니라 현종에게도 특별한 비감을 느끼게 하였다. 다음 윤증에게 보낸 편지에 윤선거 사후의 증직에 관련된 일을 대략 살펴볼 수 있다.

명정에는 추증된 관직명을 써야 하네

答尹仁卿

명정銘旌을 고쳐 쓰는 일에 대해 말한 편지의 내용 잘 알았네. 생각건대 그대에게는 본래 부형과 사우가 계시므로 반드시 널리 물어 잘 처리할 테니, 내가 어찌 감히 그 사이에서 왈가왈부하겠는가. 그러나 전에 임금께서 말씀하신 내용을 내가 자세히 알고 있으니, 감히 구체적으로 진술하지 않을 수 없네.

내가 임금께 아뢰기를 "윤모尹某가 평소에 감히 관작官爵을 받지 않았기 때문에 사후에 그 아들들이 '생원生員'이라고만 명정에 썼다고 합니다. 관작을 쓰든 쓰지 않든 죽은 사람에게는 아무 관계가 없습니다만, 국가에서 현자賢者를 예우하는 뜻으로 볼 때 심히 매몰스러운 듯합니다. 만약 특별히 증직贈職의 은전을 윤허하신다면 반드시 쓰지 않을 수 없을 테니, 그리된다면 공사公私에 모두 마땅할 것입니다."라고 하자, 성상께서 "아뢴 대로 하라."라고 하시고, 이어 하교하시기를 "이 사람을 내가 항상 한번 만나보고 싶어 했는데, 어째서 이렇게 갑자기 죽었는가? 그의 나이는 몇 살이며, 이 사람이 바로 전 자의咨議 윤모尹某의 아비인가?"라고 하시며, 슬퍼하고 애석해하시는 뜻이 말 밖으로 넘쳤으므로 입시한 신하들 중에 감격하지 않은 자가 없었네.

내가 물러 나와서 중초仲初 조복양趙復陽에게 "성상께서 윤우尹友를 만나신 적이 한 번도 없는데, 어째서 이처럼 총애하고 존중하시는가?"라고 하자, 중초가 "성상께서 소장疏章에서 그를 보셨으니, 어찌 상상해 아시지 않았겠는가."라고 하였네.

대체로 관직을 추증하는 규례는 반드시 본직本職에 의거해 하는 것이네. 본직보다 한 품계를 올려 증직하는 것은 정례이고 두 품계를 올려 증직하는 것은 별례인데, 본직과 증직을 한 단자單子에 같이 써서 계하啓下한 뒤에 한 장의 교지敎旨에 함께 쓴다네. 이번에 내린 증직이 무슨 벼슬인지는 알 수 없으나, 그 규례는 반드시 이와 같다네.

이번의 일은 실로 성상께서 현자를 생각하고 그 죽음을 슬퍼하시어 거듭 총애해 은전을 내리도록 명하신 뜻이니, 평소 규례에 따라 직명職名을 받는 것과는 크게 다르네. 그렇다면 후인後人의 도리로 볼 때 어찌 감히 사양하겠는가. 이미 감히 사양할 수 없다면, 한 장의 교지에 적힌 관직 중에 그 절반은 사용하고 나머지 절반은 버리는 것이 또한 의리로 볼 때 어떤지 모르겠네.

내 생각에는 선부군先府君께서 평소에 비록 관작을 받지

않으셨지만, 지금은 성상께서 특명으로 증직하신 뒤이니, 후인이 사양할 이유가 없을 것 같네. 그러니 생원이라고 쓰지 말고 교지에 쓰인 대로 행직行職과 증직 두 관함官銜을 모두 쓰는 것이, 죽은 자와 산 자의 분의分義와 정례情禮에 온당함이 되지 않겠는가. 잘 헤아려 처리하기 바라네.

앞의 편지에도 언급되었듯이, 이해에 윤선거가 별세하였다. 윤선거의 아들인 윤증이 선친의 명정에 관직을 쓰는 문제를 송준길에게 상의한 것으로 보인다. 윤선거는 병자호란 때 혼자 살아남은 일로 죄책감과 수치스러움 때문에 관직에 나아가지 않았고, 죽을 때까지 벼슬하지 않겠다는 뜻을 견지하였다. 사후에 이를 안타깝게 여긴 송준길의 건의로 이조 참의에 증직되었다.

『어록해』 발문

語錄解跋

우리 전하께서 경연에 납시어 바야흐로 『심경』을 강독 중이신데, 피곤함도 잊고 토론에 열심이셨다. 하루는 하교하시기를 "어록語錄에는 실로 분명하게 이해할 수 없는 곳이 많으니, 옥당玉堂은 이른바 『어록해』라는 것을 가져다가 상세히 고찰하고 교정하여 열람하기에 편리하도록 하라."라고 하셨다. 이 일은 응교應敎 남이성南二星이 주관하였으나, 신 또한 외람되이 한두 번 참여하여 번잡한 것을 삭제하고 잘못된 것을 바로잡았다. 그리고 전후에 기록한 것들을 모두 모은 다음에 그중에서 명백하고 평이한 것만을 뽑았고, 버리고 취한 차례에도 대략 기준이 있었다. 책이 완성되자 정서해 올리니, 성상께서 신 준길에게 발문을 지어 올리라고 하시기에 신이 사양하였으나 허락을 받지 못했다.

신이 삼가 생각건대, 어록이라는 것은 바로 중국의 속어이므로 옛날 송나라의 제현諸賢이 후학을 가르치거나 서신을 왕래하는 데 많이 사용한 것은 아마도 사람들이 알기 쉽게 하려는 의도였을 것이다. 그러나 우리나라는 성음聲音, 언어,

풍속이 중국과 달라서 도리어 알기 어려움이 있으니, 바로 이 점이 『어록해』를 만들게 된 이유이다.

구본舊本은 선정신 이황의 문인이 남긴 글에서 나왔는데, 손 가는 대로 기록한 것이므로 정밀하지 못했다. 그러므로 전에 고 장령 신 정양鄭瀁이 『한어집람漢語集覽』 중에서 약간의 말을 뽑아 구본의 미비점을 보완하였으나, 그 책은 한 사람의 손에서 나온 것이 아니기 때문에 앞뒤에 중복되기도 하고 서로 모순되기도 하였다. 그러므로 우리 전하께서 개정을 명하신 것이다.

우러러 생각건대, 전하께서는 학문이 고명하여 글의 뜻을 해석함이 실로 크게 뛰어나셔서, 어리석고 고루한 신하들로서는 감히 미칠 수 있는 바가 아니다. 이 책의 잘된 점과 잘못된 점, 틀린 점과 올바른 점도 반드시 성상의 감식을 피할 수 없을 것이다.

아, 잎을 따는 자는 반드시 그 뿌리를 찾고, 물을 거슬러 올라가는 자는 반드시 그 발원지를 찾는다. 지금 전하께서도 오로지 경학經學에 정신을 쏟아 날로 새롭게 하고 또 새롭게 하시되, 말에 의심스러운 곳이 있으면 혹 이 책으로 이해할 수 있을 것이고, 그 말을 이해한 뒤에는 또 반드시 마음에 본받고 일에 실행하여 끊임없이 위로 하늘의 이치를 깨닫게 되실 것이다. 그렇게 된다면, 이 책이 비록 변변치는 못하지만 또한 잎을 따다가 뿌리를 찾고 물을 거슬러 올라가다가 발원지를 찾는 데 일조할 것이다. 이것이 실로 미천한 신의 간절한 바람이다.

이 글은 1669년, 송준길이 나이 64세 때에 지은 것이다. 현종은 즉위한 후 송준길을 끊임없이 조정으로 불렀고, 송준길은 제수된 여러 직책을 사양하는 중에도 힘닿는 한 임금과의 강학을 지속하였다. 송준길이 참여하면서 경연에서 주자학에 관한 책을 많이 공부하였는데, 그중에서도 『심경』을 강학한 것은 그의 영향이라고 할 수 있다.

위 발문에서도 언급하였지만, 당시 주자 관련 문헌을 읽는 데 큰 난관 중의 하나가 바로 송나라 때의 속어가 사용된 점이다. 이는 정통 고문과 전혀 달라서 비록 유학의 경전에 통달하였다 하더라도 이해하기가 쉽지 않았다. 그리하여 이때 남이성이 왕명을 받아, 『심경』을 애독한 것으로 유명한 퇴계 이황의 문인들이 어휘를 정리한 것을 바탕으로 개정판을 만들었다.

이 일에 송준길도 다소 참여한 것으로 보인다. 평소 현종의 강학에 관여된 바가 많고 또 이를 매우 중시한 송준길로서는 이러한 사업을 명한 임금의 뜻에 감동하고 아울러 기대 또한 컸음을 이 발문에서 확인할 수 있다.

별유로 부르심에 품은 생각을 진달하고 아울러 직명을 사양하는 상소
因別諭宣召具陳所懷兼辭職名疏

삼가 말씀드립니다. 신은 노쇠와 질병으로 거의 죽게 되어 수건으로 머리를 동여매고 죽을 날만 기다리고 있습니다. 그런데 뜻밖에 분에 넘치게도 성상께서 기억하고서 특별히 근신을 보내어 별유를 내려 부르셨습니다.

아, 국사의 위난이 끝이 없기에 한밤에도 잠을 이루지 못하고 대처할 방안을 찾기에 최선을 다하고자 하시어, 다른 이의 도움을 구하는 뜻이 성대하게 언외에 넘칩니다. 신은 성상께서 미천한 신을 생각해 주시는 것만으로도 감격과 부끄러움으로 몸 둘 곳이 없는데, 또 이런 즈음에 대사헌에 임명하는 새 명을 내리시니 신은 더욱 두려워 몸 둘 바를 모르겠습니다.

오늘날 팔도에 한결같이 큰 흉년이 든 데다 재이災異마저 겹쳐서 조정 안팎이 모두 깊이 근심하고 있습니다. 추수기에 이미 굶어 죽은 시체가 길가에 널려 있는가 하면, 유랑하는 백성이 사방으로 흩어져서 촌락을 가득 메우고 있습니다. 농촌에서는 콩 반쪽도 함께 나누어 먹고 있으나 오래지 않아 주인과 나그네가 함께 곤궁해질 형편이니, 건장한 자들은 도둑

이 되고 노약자는 죽어 구렁을 메울 것이 너무나도 뻔합니다. 신이 매양 지난 역사를 살펴보건대, 장각이나 갈영의 변란은 언제나 기근에서 생기지 않은 적이 없었으니, 이것이 크게 우려스럽습니다.

신은 초야에 묻혀 있는 몸이라 국가의 저축이 얼마인지, 어떻게 해야 좋은 진구책을 마련할지, 어떻게 해야 주린 백성들을 집집마다 사람마다 구원하여 억만 생민들로 하여금 영원히 믿고 의지할 곳이 있게 할 수 있을지 알 수 없습니다. 그러나 신의 생각에는 오늘날 조정의 신하들 모두 정성과 지혜를 다하여, 근심과 괴로움 속에서 백성들을 가여워하고 구휼하고자 모든 방법을 다 동원하려는 성상의 지극한 뜻을 반드시 받들어 따를 것입니다.

신이 여론을 듣건대, 호조에서 비축한 은, 베, 콩이 전에 비해 매우 넉넉하고 각 관사에 보관된 재화도 많다고 하니, 잘 재량하고 나누어 쓴다면 재정이 부족함을 걱정하지 않아도 될 것입니다. 전년에 그만두기로 한 제반 노역과 기타 부세를 올해에 모두 징수한다면, 어찌 거북 등의 털을 깎아 모으는 격이 되지 않겠습니까. 이 밖에 올해 징수해야 할 크고 작은 부세도 모두 알맞게 재량하여 조기에 감면해 주어, 주현州縣으로 하여금 봉행할 바를 알게 하고 주린 백성들이 놀라 흩어지지 않게 하소서. 이는 실로 급선무이니 잠시도 늦출 수 없습니다. 그러나 이 일을 담당한 신하들이 각자 인색하게 굴어서 성상의 덕의德意가 막혀 널리 베풀어지지 않을 염려가 있으니, 성상께서 직접 총괄하여 밝게 살피소서.

신의 생각에, 우리 전하께서는 정성과 공경으로 하늘을 두려워하고 관대함과 인자함으로 백성을 구휼하여 즉위하신 이래로 연회를 즐기거나 안일에 빠지는 뜻이 전혀 없으셨으니, 하늘의 뜻에 부합하여 만물이 크게 편안하고 공업과 다스림이 이루어져서 국가가 안정되는 것이 당연합니다. 10년 동안 이변과 기근으로 편한 해가 없었고 내치內治가 엉성한 데다 외적에 대한 방비마저도 가망이 없어, 사방 백성들의 기대에 부응하지 못하고 학사 대부들의 마음도 위로하지 못한 것을 항상 괴이쩍게 여겼습니다. 신은 진실로 우매해서 그 까닭을 모르겠습니다.

주자朱子가 임금께 아뢴 말에 "덕이 하늘처럼 높은 데 이르지 못하거나 업적이 땅처럼 넓은 데 미치지 못해서입니까? 정사의 큰 일은 거행되지 않고 작은 일은 지체되어서입니까? 형벌이 소원한 자에게는 부당하게 미치고 가까운 자에게는 요행으로 면제되어서입니까? 군자 가운데 혹 등용되지 않은 자가 있고 소인 가운데 혹 제거되지 않은 자가 있어서입니까? 대신이 혹 그 직책을 상실하고 천한 자가 정권을 훔쳐서입니까? 곧고 성실한 말이 드물게 들리고 아첨하는 자가 많아서입니까? 덕의의 풍속이 드러나지 않고 더럽고 천한 자들이 뜻을 펴서입니까? 뇌물이 위로 흘러가고 은택이 아래에 미치지 않아서입니까? 남을 책망하는 데는 밝으면서 자신을 반성하는 데는 지극하지 못해서입니까? 반드시 이러한 몇 가지 사유가 있은 뒤에야 재이를 부르게 되는 것입니다."라고 하였는데, 참으로 훌륭한 말입니다. 바라건대, 전하께서도 한번 마음을 비우고 조용히 생각하여, 이 몇 가지를 자신에게 돌이켜 보고 일에서 확인하여 깊이 반성하소서. 그렇게 하신다면 반드시 깨우치는 바가 있을 것입니다.

신이 생각건대, 전하께서는 불행하게도 병을 잘 앓아 항상 조섭 중에 계시니, 덕을 증진하고 공업을 세우는 공부가 아마도 하늘과 땅처럼 높고 넓지는 못할 것입니다. 또한 재이가 이르면 근심하다가 일이 지난 뒤에는 해이해지는 것이 예로부터 보통 임금들의 상정常情이었습니다. 신은 감히 모르겠습니다마는, 전하께서 수년 사이에 깊숙한 궁중에서 한가로이 지내실 때와 마음으로 사물을 응대하는 자리에서 과연 경계하고 반성하여 지성으로 하늘을 대하는 마음이 조금의 중단도 없으셨는지요. 이는 전하께서 스스로 알아서 스스로 반성하셔야 할 것입니다. 오늘의 재이는 아마 하늘이 전하를 놀라게 하여 어려움을 통해 완성시키기 위한 것인지도 모릅니다.

신이 듣건대, 천하만사는 단 한 가지도 임금의 마음에 근본하지 않는 것이 없다고 합니다. 선현이 "그 근본을 바르게 하면 만사가 다스려진다."라고 이른 것은 헛되이 한 말이 아닙니다. 진실로 바라건대, 전하께서는 이러한 큰 재이를 당하셨으니, 경계하고 두려워하는 마음으로 크게 진작하고 큰 사업을 이루기를 생각하여 심신을 가다듬어 밤낮으로 게을리하지 마소서. 그러하기를 귀신이나 신명이나 어버이나 스승이 위에 가까이 계시듯 공경하고 깊은 물이나 엷은 얼음이 발밑에 있는 듯 조심하여, 천리가 순수해지고 인욕이 다 없어져서 총명이 날로 열리고 지기志氣가 날로 강해져서 신명에게 따져도 조금의 부끄러움이 없게 하소서. 이로써 신하들을 책려하고 국사를 함께 이룬다면 어느 누가 받들지 않겠으며, 어느 누가 호응하지 않겠습니까. 거의 요순 시대처럼 청명한 세상이 활짝 열리고 상제와 귀신도 노여움을 거둘 테니, 이웃 적국을 걱정할 게 무엇이며 흉년을 근심할 게 무엇이며 신민들이 복을 받지 못할까 염려할 게 무엇이겠습니까.

그러나 마음을 잡고 뜻을 지키는 것은, 옛사람이 천하에 제일 어려운 일이라고 하였습니다. 대체로 마음이라는 물건은 들어오고 나감이 일정한 때가 없어 요동치고 산만해지는 것이므로 잃기는 쉽고 보존하기는 어렵습니다. 따라서 반드시 서책을 가까이하여 자연스럽게 서책을 즐겨 그 속에 푹 젖어서 마음이 유지되고 집중되어 날로달로 점점 순수하고 견고해지도록 한 뒤에야 방종하게 될 걱정이 없고 영원히 안정되는 효과가 있을 것입니다.

신이 장로長老들에게 듣건대, 우리 선조대왕께서는 전쟁으로 나라가 어지럽고 처리할 일이 번잡하여 잠시도 그만두지 못하는 때에도 하루에 세 번씩 경연을 여셨다고 합니다. 그러나 이것이 어찌 그저 옛글을 기억이나 하여 남의 물음에 대답하기만을 생각하는 어리석은 학자처럼 책을 많이 보는 것을 박학으로 삼고 문장이 아름다운 것을 정교함으로 삼기 위해서였겠습니까. 아마도 장차 많은 견문을 구하고 고훈古訓을 배워서, 마음을 수습하고 호연지기를 길러 일을 성취하고 성공을 이루기 위함이었을 것입니다. 마침내 대란을 평정하고 옛 영토를 수복한 것이 어찌 아무런 이유 없이 그렇게 되었겠습니까.

우리 전하께서는 옥후가 오랫동안 안녕하지 못하여서 경연을 열어 강독하는 일을 일 년이 넘도록 폐하셨습니다. 신은 성상의 덕이 이미 성취되고 성상의 학문이 이미 이루어졌으므로 강습이나 토론에서 도움 받을 것이 없음을 잘 압니다. 그러나 사람의 마음은 보존하기 어렵기가 위에서 말씀드린 바와 같습니다. "그 마음에서 생겨나서 그 정사를 해친다."라는 말이 그 증거로서 늘 밖으로 밝게 드러납니다. 하늘의 뜻에 따를지 거스를지, 인심이 좇을지 돌아설지가 모두 여기에서 결정되니, 아, 두렵다 하겠습니다. 지금 갑자기 선조의 고사처럼 하루에 세 번씩 경연을 여는 일은 다시 하기 어렵습니다. 그러나 기운이 상쾌할 때와 마음이 편안할 때 하루에 한 번이나 이틀에 한 번씩 유신儒臣을 불러서 『심경』 하권을 마치시고 겸하여 지난해처럼 사서史書를 읽게 하신다면, 마음을 잡고 뜻을 지키는 공부와 정무를 처리하고 때에 따라 알맞게 조처하는 도리와 하늘을 공경하고 백성의 일에 진력하는 방도에 어찌 크게 도움 되는 바가 없겠습니까.

주자의 명銘에 "북창 밑에서 신음할 때엔 마음이 답답하더니, 책을 읽으니 병에서 소생하는 듯하네."라고 하였습니다. 그 말을 깊이 음미해 보면, 책 속에 지극한 즐거움이 있으니 조섭하는 방도에도 도움 되는 바가 적지 않을 것입니다. 바라건대, 전하께서는 살펴 헤아리소서.

신은 해가 이미 서산에 기울어 관에 들어갈 날이 머지않았으니, 힘을 바치고 계책을 바칠 가망이 없습니다. 중요한 사헌부의 대사헌 자리는 더욱 오래 비워 둘 수 없으니, 다시 빌건대 신의 본직 및 여러 겸직을 속히 교체하여 신으로 하여금 죽기 전에 편안한 마음으로 죽음을 기다리게 해 주소서. 그렇게 하시면 매우 다행이겠습니다.

이 글은 송준길이 65세 되던 1670년 6월에 올린 것이다. 이해 3월에 송준길은 세자의 관례 때문에 서울로 올라왔다. 이후 연일 경연에 참여하였을 뿐만 아니라, 밤에도 현종을 만나 정사와 공부에 대한 대화를 나누었다. 이 일에 대해 시강원의 여러 신하는 전에 없는 성대한 일이라며 그 광경을 그리고 사실을 기록해 세상에 전하였다. 그러나 이때 송준길은 김징의 사정을 변호하다 많은 비난을 불러일으키자 결국 돌아갈 뜻을 굳혔고, 현종과 세자가 여러 차례 만류했지만 마음을 바꾸지 않았다.

그러자 현종이 별도의 유지를 내려 그를 위로하고 아울러 대사헌에 임명하였는데, 이 상소는 사직을 청함과 동시에 품고 있던 생각을 진달한 글이다. 비록 자신의 건강과 정사의 복잡한 상황 때문에 고향으로 돌아갈 뜻을 바꿀 수 없었지만, 위로는 임금을 생각하고 아래로는 백성을 근심하는 송준길의 충정이 잘 드러나 있다.

나라에 여러 해 동안 흉년이 지속되고 재변이 자주 발생하는 원인을 임금이 마음을 제대로 다스리지 못한 데서 찾는 것은 유가적 정치 철학의 큰 특징 중의 하나이다. 송준길은 임금의 마음을 다스리고 덕을 증진시키는 방법으로 선조의 예를 들며 경연을 지속할 것을 권고하고 있다. 이는 그가 오랜 기간 견지해 온 핵심적인 주장이라고 할 수 있다. 새롭거나 특이하지는 않지만, 어떠한 경우라도 공부를 중단하지 말아야 함을 시종일관 경계한 것은 단순히 당시 정치사상의 보편적 사유를 넘어 하나의 신념이었다고 볼 수 있다.

죄를 청하는 상소
請罪疏

죄를 진 신하 송준길은 진실로 황공하여 머리를 조아려 백 번 절하고서 삼가 주상 전하께 말씀드립니다. 신은 불행하게도 뜻밖에 천지간에 용납되기 어려운 악명惡名을 입었습니다. 비록 성상께서 헤아려 살피고서 일찍 처분을 내리셨지만 신하의 도리로는 감히 마음 편히 있을 수가 없어서, 유사에게 죄를 감처하도록 명하시기를 청할 생각으로 병을 참고 길을 떠났습니다. 그러나 수원의 한 촌가에 당도하자 목숨이 거의 다하여 다시 힘을 내기 어려우므로 성상이 계신 서울을 바라보며 눈물만 흘릴 뿐입니다.

바라건대, 일찍 형벌을 내려 나라 사람들에게 사과하시고 신하가 되어 불충하는 자들에게 경계가 되게 하소서. 성상께서는 밝게 헤아리소서. 신은 국은에 부끄럽고 의리에 두려워 황송한 마음 그지없습니다.

이 상소도 1670년 6월에 올린 것이다. 송준길의 변호에도 결국 김징이 처벌을 받고 마침 이세직李世直이 송준길과 송시열을 무고하는 사건까지 겹치자, 자신을 '죄를 진 신하'라고 칭하는 상소를 올리고 벌을 내리도록 청한 것이다. 이 「죄를 청하는 상소」가 올라오자, 현종은 매우 당혹해하며 상소에서 '죄를 진負罪' 두 글자를 삭제할 것을 명하고 다시 도성으로 돌아오기를 부탁하는 비답을 내렸다.

아, 오늘의 일을 차마 말할 수 있겠는가. 아, 이것이 무슨 광경이란 말인가. 경의 상소에 '죄를 진 신하'라는 말을 보니 얼굴이 달아오르고 부끄러워지는 마음을 무엇에도 비유할 수 없다. 경에 대한 나의 정성과 예우가 만약 세상 사람들에게 믿음을 받았다면, 흉측한 말을 하는 무리의 방자함이 어찌 이에 이르렀겠는가. 아, 팔도의 기근이 이와 같고 인심의 흉흉함이 이와 같으니 국사를 장차 어찌하면 좋겠는가. 생각이 여기에 이르자 온몸이 섬뜩하다. 흉악한 이가 자복하여 간악한 정상이 다 드러나서 국법으로 다스린 것을 나라 사람이 이미 알고 있는데, 경은 무슨 변명할 일이 있기에 이렇듯 상소를 한단 말인가. 이 또한 내가 경에게 믿음을 받지 못해서이니, 부끄러워 얼굴이 붉어질 뿐 더 무슨 말을 하겠는가. 경은 부디 나의 뜻을 헤아려 안심하여 마음에 두지 말고서 '부죄負罪'라는 두 글자를 삭제하라. 또한 경의 걸음이 이미 백 리 안에 이르렀지만, 어찌 차마 그리 급히 물러갈 수 있단 말인가. 속히 도성 안으로 들어와 나와 만나 본다면 내 마음이 위로받고 또 서로 믿고 있음을 알 수 있을 것이니, 부디 나의 뜻을 헤아려 속히 들어오기를 날마다 바란다.

현종은 송준길의 상소에 대해 자신의 부끄러움을 토로하고 대면하여 믿음을 회복하기를 바랐지만, 송준길은 자신의 뜻을 굽히지 않고 다시 상소하고 그대로 고향으로 돌아갔다.

이보다 앞서 4월에 송준길이 하직하고 대궐을 나오자 김만기金萬基가 그에게 "선생께서 이번에 가면 다시 오기를 기약하시기는 어려울 듯하네요." 하기에 송준길이 의아해하며 그 이유를 물었다. 그러자 김만기가 "선생께서 하직 인사를 올리실 때 보니, 자주 성상의 용안을 우러러보며 차마 이별할 수 없어 하시는 기색이 있었습니다."라고 말하니, 송준길이 한참 동안 수심에 잠겼다가 "그렇다." 하였다고 한다. 송준길은 이미 자신의 몸이 오래 버티지 못할 것을 예감한 듯하다. 마침내 궁궐을 떠나고 2년 뒤에 병이 위독해져 생을 마감한다.

신녕현 환벽정 중수기
新寧縣環碧亭重修記

만력 신해년1611 연간에 선친께서 화산 현감으로 나가셨을 때, 예닐곱 살이던 나도 따라갔다. 당시 내가 철이 없었으나 아직도 기억하는 것이 있다. 그곳 객관 서쪽에 대숲을 지나 바위 위에 작은 정자가 하나 있었는데, 물이 섬돌을 따라 졸졸 흘러 그윽하고 시원한 경치가 거의 인간 세상이 아니었으니, 이것이 이른바 환벽정이다.

금계錦溪 황준량黃俊良이 이 고을 원이 되었을 적에 이 정자를 비로소 창건하였고, 퇴도退陶 이황 선생께서 칠언 율시 한 편을 지어 이 정자를 읊으셨는데 그 시가 지금 문집 속에 실려 있다. 황공이 이 시를 받았다면 반드시 판각하여 이 정자에 걸고서 당시의 훌륭한 볼거리로 삼았을 것이나 정자와 시가 모두 없어졌다.

그러므로 선친께서는 '정자도 없어서는 안 되지만 선생의 유적留迹은 더욱 없어지게 할 수 없다.'라는 생각에서, 공무를 보시는 여가에 옛터에 그 정자를 다시 세우고서 아름다운 꽃과 기이한 나무들을 더 심으셨다. 그러고는 그 시를 문집에서 찾아내어 정사精寫해 새겨서 다시 문 위에 걸었다.

정자가 완성되자, 선원仙源 김상용金尙容 상공相公과 치천稚川 윤방尹昉 상공이 마침 사명使命을 받들고 지나다가 이곳에 들렀다. 그들은 경치를 감상하는 데 마음이 팔려 차마 떠나지 못하면서, 각각 오언 율시 한 편씩을 남겨 기념하였다. 그 뒤에도 여러 명사名士의 시통詩筒에 주고받은 시가 매우 많았으니, 실로 한 지역의 명승지였다.

그러나 세월이 오래 흐르자 점점 황폐해져 사람들이 이 정자가 있는 줄도 모른 지가 또 여러 해였다. 그러던 중 숭정崇禎 무신년1668에 함평咸平 이재길李材吉이 이 고을 원으로 와서 정자가 황폐해진 것을 가슴 아프게 여겨 중수하였다. 그러고는 나를 찾아와서 그동안의 사정을 자세히 이야기하면서 나에게 정자의 현판을 쓰고 중수기도 지어 그간의 사정을 기록하라고 하였다. 나는 문장이 졸렬하여 감히 감당할 수 없었지만, 차마 사양하지 못하여 숙연한 용모로 재배하고 일어나서 다음과 같이 말하노라.

대체로 고을에 건물을 세우는 것은 단지 외관의 아름다움만을 위해서가 아니라 수령이 정신을 수양하고 기운을 보양하여 다스림을 내는 근원을 맑게 하고 교화를 일으키는 근본을 북돋우고자 해서이니, 이는 옛사람도 누누이 말한 바이다. 우리 퇴도 선생은 진실로 백세의 스승이므로 선생의 한 마디

나 한 글자도 학자들이 진귀하게 여겨 아끼고 보물로 여겨 소중히 간직하는데, 더구나 올바른 성정에서 나온 시는 어떻겠는가. 선친께서는 바로 율곡 선생의 문인으로서 퇴계 선생에 대한 존경과 사모를 전해 받았으니, 금계 황공의 뒤를 이어 이 정자를 중건하고 퇴계 선생의 시를 판각해 거신 것은 실로 우연이 아니다. 그런데 이후李侯가 또 그 뒤를 이어 중수하였다.

아, 이 정자는 사라질 수 있어도 이 시는 없어지게 할 수 없으니, 앞으로 고을 수령으로 오는 자들은 더욱 삼가고 경계하여 계속 수리해서 퇴락하지 않게 하기를 바란다. 그리고 또 고을 학자들에게 한갓 그 시만을 욀 것이 아니라 그 글을 읽고 도를 찾아서 강습하여 행하도록 고무한다면 풍속을 교화하는 데에 크게 도움이 될 것이다.

어려서 부모를 여읜 내가 옛날 화산에서 놀던 때를 묵묵히 생각건대 올해가 마침 60주년이다. 언젠가 이 정자에 가서 어려서 놀던 곳을 두루 살피며 꽃과 나무들을 감상하고, 그곳의 부로父老들에게 물어 선친의 유적遺迹을 찾고 싶은 마음 항상 간절하다. 그러나 이제 늙고 병들어 고향에서 칩거하는 신세이다 보니 부질없이 어버이를 그리워하는 감회만 깊어질 뿐이다. 그런데 이번에 이후의 요청으로 나도 모르게 사모하는 마음이 일어 슬피 흐느끼면서, 이 글을 써서 앞으로 부임할 수령과 이 고을의 사우들에게 보이노라.

선친의 휘諱는 이창爾昌이고 자는 복여福汝이며, 성은 송씨宋氏이고 본관은 은진이다. 신해년1611에 이 고을의 수령으로 나아가셨다가 계축년1613에 그만두고 돌아오셨는데, 고인의 인애한 유풍이 지금까지 백성들에게 남아 있다고 한다.

이 글은 저자의 나이 66세가 되는 1671년에 지은 것으로, 1668년에 환벽정을 중수한 현감 이재길의 부탁을 받아 쓴 기문이다. 본래 1516년에 당시 신녕 현감으로 있던 이고李考가 비벽정斐碧亭이라는 정자를 세웠는데, 임진왜란 때 소실되었다가 황준량이 다시 환벽정이라는 이름으로 창건한 것이다. 그 후 다시 퇴락하였다가 저자의 부친인 송이창이 옛터에 중건하였다.
환벽정은 정자의 흥망에 관한 기록임과 동시에 송준길 개인의 부친에 관한 회고이기도 하다. 어린 시절과 함께 기억하는 아름다운 정자와 그 정자에 얽힌 퇴계의 시에 관한 이야기, 또 그것을 다시 복원한 아버지의 마음 등이 저자 말년의 심경과 함께 펼쳐져 있다.
퇴계의 시는 「황중거가 새로 대숲 정자를 지은 것에 써 주다次韻寄題黃仲擧新構竹閣」라는 제목으로 『퇴계선생문집』 2권에 실려 있다.

녹을 먹지만 끝내 냄새나는 돈을 가까이할 수 없는 법 肉食終難近臭銅
오직 대나무만이 그대의 벗이 될 만하잖은가 此君唯足友軒中

장대처럼 쭉쭉 뻗어 옥을 세워도 벼슬자리 다투는 것 아니오 竿竿玉立非爭列

대 꺼풀이 툭툭 터져 용이 승천하듯 하늘로 오르려 하니 籜籜龍騰欲上空

우뚝한 바위와 찬 시내, 푸른빛을 에워싸고 瘦石寒溪團翠色

성근 창살과 빈 난간, 맑은 바람 지나간다 疎櫺虛檻灑淸風

사랑스레 사람도 풍경도 모두 새로운 이곳에 可憐人境俱新處

옛날을 이어 시를 지으려니 솜씨가 없어 부끄럽네 續舊題詩愧未工

제5장

일생을 바친 '충忠'

67세, 생의 마지막 해 ◦ 1672년은 송준길 생애의 마지막 해이다. 1월에 꿈속에서 퇴계를 만나 깊은 감회를 느꼈는데, 이 꿈은 자신의 죽음에 대한 예견이었을 것이다. 4월, 현종의 부름에 상소를 올려 사양하고 소인이 임금을 현혹하는 폐해에 대해 진달하였지만 아무런 비답도 받지 못했다. 11월에 병세가 위독해지자 송시열이 찾아와 문병하였다. 김수항이 상소해 효종조에 우대한 현신을 버려둔 것을 질책하자 현종이 어의를 보냈지만 송준길은 이미 사람을 알아보지 못하는 지경이었고, 다음 날 동춘당에서 생을 마감했다. 그의 죽음이 알려지자 모든 이가 현인의 죽음을 애통해하였다.

퇴계 선생을 꿈속에서 뵈옵고

記夢

임자년 1월 11월 밤, 꿈속에서 퇴계 선생을 모시고 베개를 나란히 하고 누워 조용조용 간곡한 가르침을 받았다. 꿈에서 깨고 난 후에도 여향이 몸에 배어 있었다. 느낀 바가 있어 적는다.

언제나 퇴도 선생을 흠모했기에	平生欽仰退陶翁
돌아가신 후에도 정신이 통했는가	沒世精神尙感通
이 밤, 꿈속에서 가르침을 듣고	此夜夢中承誨語
깨어나니 달빛이 창에 가득하네	覺來山月滿窓櫳

송준길이 퇴계 이황을 꿈에서 뵌 때는 임자년, 즉 1672년 1월이다. 꿈에서 깬 송준길은 그 소감을 적은 시에 '언제나 퇴도 선생을 흠모했다.'라고 적었지만, 이황이란 존재에 대한 그의 마음은 이처럼 단순하지 않다. 송준길의 스승 김장생은 퇴계가 아니라 율곡 학문의 정통을 계승한 학자라고 평가된다. 송시열, 김경여, 이후원, 조익, 이시직 등 송준길이 가까이 지낸 친구와 선후배들은, 대부분 김장생에게 수

학한 동문이었다. 선집에 수록한 편지 대부분도 그들과 주고받은 것이다. 그런데 송준길의 장인 정경세는 이황의 고제高弟 류성룡의 제자였고, 두 번째 부인 또한 이황의 집안이었다. 그러다 보니 송준길이 스승 김장생의 제문에 '퇴계를 버리고 율곡을 취하였다.'라고 쓴 표현을 두고 정경세 집안에서 문제로 삼은 정황이, 앞서 수록한 편지 「학문의 원칙과 자세」에 보이기도 한다. 그만큼 송준길의 위상이 단순하지 않았기 때문이다.

송준길의 인생에서 학문적으로든 정치적으로든 스승 김장생의 학통을 잇는 태도는 분명하게 표명되었으므로, 후대의 사람들은 당연히 송준길을 서인 혹은 노론의 대표적 인물로 이해한다. 그렇기는 하나 한 개인의 내면을 기준으로 보자면, 양자택일 말고 다른 여지가 없는 상황에서 하나의 노선을 선택했다고 해서, 그것이 다른 노선을 선택할 가능성을 전적으로 배제하는 것으로 보기는 어렵다. 정치적으로 퇴계 학통을 잇는 세력과 대립했지만, 그것을 학문적으로 퇴계 이황을 존숭하는 문제에 동일하게 적용하기는 어려운지도 모른다.

『삼절유고』 발문
三節遺稿跋

『삼절유고』 3책은 바로 과재果齋 윤섬尹暹 공, 그리고 그 손자인 신곡薪谷 윤계尹棨와 임계林溪 윤집尹集 두 형제의 저술이다. 이미 우암 송시열 상공이 절의를 드러내 밝히고 높이 떠받들어 존경함을 서문에 자세히 갖추었으니, 내가 다시 덧붙일 필요가 없을 것이다. 그러나 내게는 이분들에 대해 마음속 깊이 사무치는 각별한 느낌이 있다.

100년 동안 태평성대를 누린 끝에 국가가 전복되는 불운한 때를 만나, 과재공은 조금도 두려워하지 않고 침착하게 의리를 위해 목숨을 바쳤으니, 이 또한 신하로서 직분을 다한 것이다. 하늘은 선한 사람을 돕는 법이어서 이때 중국에 호소하자 천자께서 돌봐 주는 은혜를 내려 천하의 군사를 출동시켜 우리나라를 구제하고 강한 오랑캐를 섬멸하셨다. 이는 실로 유사 이래로 없던 성대한 일이니, 우리나라에 얼마나 큰 영광이고 다행인가. 그러니 과재공의 영령도 반드시 지하에서 천자의 은혜에 감격하여 더는 여한이 없을 것이다.

병자호란으로 말하면 천지가 뒤집히고 윤리가 파괴되어, 나라가 한 가닥 명맥命脈만 겨우 붙어 있을 뿐이었으니, 아, 그 위급함을 어찌 다 말할 수 있겠는가. 이때 신곡공은 의병을 일으키려 하였으나 일이 이루어지기도 전에 먼저 죽었으니, 하늘이 돕지 않음을 사람이 어찌 유감스럽게 생각하지 않겠는가. 또한 임계공은 보잘것없는 일개 미관말직으로서 전후로 글을 올려 세상을 크게 놀라게 하였으니, 상서尙書 장천張闡과 좌사左史 호전胡詮*에 비해 조금도 손색이 없었다. 그리고 마침내 한 몸으로 우주를 버티어 그 명성이 중국을 진동시키고 천하 후세에 할 말이 있게 하였으니, 어쩌면 그렇게도 훌륭한가. 아, 하늘이 이 사람을 낸 것은 이 난리를 위해 준비한 것이니, 그 성패야 논할 필요가 무엇이 있겠는가.

주자께서 말씀하시기를 "그런 사람의 임금이 된 자는 끝내 믿고 의지해 나라를 보존할 수 있다." 하였다. 아, 임계공이야말로 어찌 그런 사람이 아니겠는가. 이 세 분의 군자는 수백 년 동안 수천 리의 땅에 한 사람만 있어도 마땅히 기이한 일인데, 하물며 조손祖孫과 형제로 한집안에 모여 이처럼 국가의 빛이 되었다. 이 어찌 남들은 미처 알 수 없는 그 집안에 쌓인 정신과 기풍이 발로되어서가 아니겠는가.

옛날에 괴철蒯徹이 악의樂毅의 글을 읽을 때마다 책을 덮

* 상서尙書……호전胡詮 : 장천張闡과 호전은 중국 남송 고종 때 진회秦檜가 금나라와 화친 조약을 맺기를 주장하자 이에 대해 적극적으로 반대한 인물이다.

고 눈물을 흘리지 않은 적이 없었다고 한다. 지금이나 후세에도 이 글을 읽다가 반드시 책을 덮고 한숨지으며 눈물을 흘리는 자가 있을 것이다. 그 시문詩文의 높이와 깊이는 지금 논할 겨를이 없다. 신곡공은 나와 사마시 동기로 평소 기대가 매우 컸던 벗이므로, 나는 거듭 그를 위해 눈물을 흘린다.

『삼절유고』는 임진왜란 때 순절한 윤섬과 병자호란 때 순절한 그의 손자 윤계, 윤집 세 사람의 문집으로, 1672년에 윤계의 아들 윤이명이 간행하였다. 윤섬은 임진왜란 당시 순변사 이일李鎰의 종사관으로 상주성에 남아 싸우다 전사하였다. 그의 손자인 윤계와 윤집은 병자호란 때 절의를 지키다 죽었는데, 윤계는 근왕병을 이끌고 남한산성으로 들어가려다 청나라 군사에게 잡혀 순국하였고 윤집은 홍익한, 오달제와 함께 청나라로 끌려가 살해되었다. 윤집, 홍익한, 오달제는 송시열이 그들의 언행을 기록한 「삼학사전三學士傳」을 지은 후로 '삼학사'로 칭송된다.

이 글은 송준길이 문집에 대한 발문을 쓴 것으로, 송시열과 정두경鄭斗卿 1597~1673이 문집의 서문을 썼다. 글에도 밝혔듯이 신곡공 윤계는 송준길과 사마시에 같은 해 급제한 과거 동기로, 그의 순절과 문집의 간행은 특히나 송준길에게 시대를 슬퍼하는 마음을 배가하였을 것이다.

사람을 아끼고 기른다는 것은

與閔大受

예전에 듣건대 정승 상진尙震이 경기 감사가 되었을 적에 어떤 이가 "청송聽松 성수침成守琛 형제를 추천서에 올릴 만하다."라고 하였다. 그러자 상공이 대답하기를 "이들 형제를 어찌 한 가지 재주나 한 가지 기예로 미리부터 이름을 붙이겠는가. 정성껏 배양시켜 후일을 기다리는 것이 마땅하다."라고 하였으니, 옛사람의 풍류와 견식에는 이러함이 있었네. 그런데 지금은 비록 대감 같은 분도 상공에 크게 미치지 못하니, 옛일을 고찰하는 힘이 부족한 탓이 아니겠는가. 한편으로는 한탄스럽고 한편으로는 우습네.-이때 선생의 손자 송병하가 천거되었기 때문에 이렇게 말씀한 것이다.-

대수大受 민정중閔鼎重 1628~1692 은 사위 민유중의 형으로, 송준길과는 사돈 관계이다. 현종 말에 민정중이 손자 송병하를 천거하였다. 그러자 송준길은 병중에도 이 편지를 써서, 관직에 천거하는 것은 좋은 인재를 기르는 올바른 방법이 아님을 옛날의 일을 들어 따끔하게 전하였다.

송준길이 젊은 시절 과거를 보았을 때, 그의 장인인 우복 정경세가 그의 시험지를 숨기면서 "이 사람이 과거에 급제하는 것은 언제든지 할 수 있는 일이니, 꼭 오늘 급제할 필요가 뭐 있겠는가."라고 하며 급제를 미룬 뜻과 같다고 할 수 있다. 집안의 자제를 아끼는 참다운 마음이 무엇인지 생각하게 하는 대목이다.

유언처럼 남긴 올리지 못한 상소문

遺疏

죽음을 앞두고 신 송준길은 슬픔 속에 눈물을 머금고 주상 전하께 영원한 이별을 아룁니다.

신이 비록 고질을 앓고 있지만 아직 나이가 매우 많지는 않으니, 죽기 전에 다시 성상의 용안을 우러러 보고 또 알아주고 예우해 주신 두 임금의 은혜를 만분의 일이라도 갚을 수 있을 것으로 생각했습니다. 그러나 지금 불행히도 병세가 갑자기 위독해서 신의 목숨이 경각에 달렸습니다.

아, 인사가 이에 이르렀으니 더 무슨 말을 하겠습니까. 성상의 용안을 더는 볼 수 없고 국은에 조금도 보답할 수 없으며 세자 저하를 다시 뵐 날이 없게 되었으니, 신은 너무도 슬퍼 죽어서도 눈을 감지 못할 것입니다. 그러나 다시 어찌할 수 있겠습니까. 신이 전하께 경계의 말씀을 올리고 싶은 심정은 그지없으나, 정신이 혼미하고 기운이 떨어져서 글을 쓸 수 없으니 더욱 통탄스러울 뿐입니다. 그러나 이 또한 어찌할 도리가 없습니다.

신은 예전엔 사실 전하께서 삼대三代의 성왕聖王 못지 않게 되시리라 기대했었습니다. 그런데 지금까지 10년 동안 나랏일은 날로 그릇되고 조정의 의론은 날로 분열되어 위로는 하늘이 노하여 해마다 흉년이 계속되고 아래로는 백성이 원망하여 날마다 유망의 소식이 들립니다. 신은 진실로 그 까닭을 모르겠습니다. 그러나 전하께서 반드시 스스로 생각하면 그 까닭을 아실 것입니다. 경연에 잘 납시지 않아 학문이 진보되지 않고 마음의 바탕이 확립되지 않아서, 아랫사람을 부리고 정사를 처결하는 데 오직 지략으로만 억측하십니다. 설령 이렇게 해서 자주 사리에 맞는다 하더라도, 이는 이미 공자께서 인정하지 않은 일입니다.* 더구나 꼭 맞지도 않고 번번이 사리에 어긋나는 경우라면 어떻겠습니까.

자사子思의 말에 "보이지 않는 바에 삼가고, 들리지 않는 바에 두려워한다. 숨겨진 것보다 더 잘 드러나는 것이 없고, 미묘한 것보다 분명한 것은 없다. 그러므로 군자는 그 혼자일 때를 삼간다."라고 하였으니, 이는 천고의 성현들이 서로 전한 요결입니다. 전하께서 이미 강독하고 연구하신 것 중에 이보다 절실한 것은 없으니, 바라건대 전하께서는 이 몇 마디 말을 더욱 몸소 경험하여 반드시 성실히 하고 반드시 공경스럽

* 이는……일입니다 : 공자가 "자공子貢은 자연스럽게 도리에 맞지 않고 억측하여 도리에 맞는 경우가 많으니, 안연의 안빈낙도安貧樂道만 못하다."라고 평가한 것을 이른다. 『논어』「선진先進」편에 보인다.

게 하며 아침에도 저녁에도 오늘도 내일도 게을리하지 않고 더욱 경건히 하소서. 그리하시면 청명한 기운이 내 몸에 있고 지기志氣가 신명과 같아질 것입니다. 그렇게 되면 꼭 해야 되는 일로 그만두어서는 안 될 것과 해서는 안 되는 일로 그만두지 않아서는 안 될 것이 마음에 분명해져서, 저절로 경연에 부지런히 나아가지 않을 수 없고 저절로 학문에 힘써 매진하지 않을 수 없을 것입니다. 그리고 모든 일에 강령이 거행되어 조목이 시행될 것이며, 옛날의 천명을 이을 수 있고 새로운 경사가 모두 이르게 될 것입니다.

제갈량諸葛亮의 「출사표出師表」에 "어진 신하를 가까이하고 소인을 멀리한 것이 전한前漢이 흥성한 이유이고, 소인을 가까이하고 어진 신하를 멀리한 것이 후한後漢이 쇠퇴한 이유이다."라고 하였는데, 신은 이 글을 읽을 때마다 이 대목에 이르면 세 번 반복해 읽고 눈물을 흘리지 않은 적이 없었습니다.

전하의 성심誠心과 공경이 날로 높아지고 학문이 날로 진보되신다면, 모든 신하 중에 누구는 현명하고 누구는 현명하지 못하며, 누구는 충성스럽고 누구는 충성스럽지 못하며, 누구는 정직하고 누구는 정직하지 못한지가 반드시 모두 성상의 감식에서 벗어나지 않을 것입니다. 어찌 잘못 보고서 등용할 리가 있겠습니까. 만약 그렇게 하지 않고 단지 거친 마음과 속된 생각으로 편벽된 생각과 붕당에 대한 의심을 섞어서 현부賢否를 분별하고 그 용사用捨를 결정한다면, 신은 사邪와 정正이 더욱 뒤섞이고 조정이 더욱 혼란하여 끝내 멸망에 이르고야 말 것이라고 생각합니다.

아, 전하의 타고나신 자질이 참으로 아깝고, 지금의 나라 정사도 해 볼 만합니다. 스스로 포기하지도 스스로 경시하지도 말고서 항상 선대왕께서 마음을 단단히 먹고 분발하셨던 것을 계승하기를 도모하시면 매우 다행이겠습니다.

신은 죽음이 임박해서 정신이 어둡고 마음이 산란하여 말에 조리가 없습니다. 전하께서는 신의 충성을 헤아려 신의 참람함을 용서하소서.

초토신草土臣* 송병문宋炳文은 피눈물로 슬피 부르짖으며 삼가 백 번 절하고 주상 전하께 말씀을 올립니다.

신의 조부 고 의정부 좌참찬 신 송준길이 임자년1672 4월에 병을 얻어 그해 12월에 이르러 사망하였으니, 병이 위독한 상태로 지낸 기간이 오래입니다. 정신이 혼미하기 전까지 집안일에 대한 말은 한 마디도 없었고 입을 열 때마다 오직 성상을 우려하는 말뿐이었으므로, 옆에서 듣는 사람이 감동하여 눈물을 흘리기까지 하였습니다.

* 초토신草土臣 : 상중에 있는 벼슬아치가 임금에 대해 자신을 지칭하는 말이다.

임종이 가까워졌을 때에는 며칠 동안 말도 못하고 보지도 못했기 때문에, 태의太醫가 명을 받고 와서 병을 살피는데도 성은에 감사하다는 말조차 하지 못했습니다. 사망한 뒤에 문상하러 온 사람들이 모두 "그대 조부의 간절한 충성으로 끝내 유소遺疏를 남기지 않은 것은 어째서인가?"라고 물었으나, 어리석은 신은 대답할 바를 몰랐습니다. 그런데 지난달 23일에 아우들과 함께 우연히 조부가 쓰던 상자를 뒤지다가 병중에 차고 있던 작은 주머니를 발견하였는데, 그 속에 손수 쓴 상소의 초본이 있었습니다. 날짜를 쓰지 않아 며칠날 썼는지는 알 수 없으나, 대체로 병이 이미 어찌할 수 없게 된 뒤일 것입니다.

조부의 병이 이미 위독해졌을 때 행 판중추부사 송시열이 영결하러 와서 손을 잡고 "성상을 위하여 더 하시고 싶은 말은 없는가?" 하고 묻자, 조부가 문득 기운을 내어 말하기를 "하고 싶은 말이 가슴속에 가득 쌓여 있지만 어찌 감히 할 수 있겠는가, 어찌 감히 할 수 있겠는가."라고 하였습니다. 신이 지금 생각해 보건대, 조부가 병을 앓을 때 이미 이 상소를 구성하고서도 끝내 감히 올리지 않았고 또 신으로 하여금 추후에 올리게 하지도 않은 데에는 그럴 만한 뜻이 있는 듯합니다. 만약 그렇다면 오늘에 이르러 신도 감히 함부로 올릴 수 없을 것입니다.

그러나 삼가 생각건대, 사후에 전에 드문 성은이 내렸으니 죽은 자가 땅속에서 은덕을 입은 영광에 감격하는 마음이 끝없을 것입니다. 그럼에도 상소를 쓸 당시의 마음을 끝내 성상 앞에 드러내지 않는다면, 그 마음에 비통한 한이 반드시 만배나 더할 것입니다. 신으로서도 도리상 차마 조부의 충성과 진심에서 우러나오는 정성을 끝내 민멸시킨 채 드러내지 않을 수 없기에, 감히 죽음을 무릅쓰고 이 유소를 올립니다.

신은 참으로 피눈물을 흘리지 않을 수 없습니다. 황공하고 절박한 마음 두렵기 그지없습니다.-갑인년 4월 22일 올림-

손자 송병문이 밝혔듯이, 송준길의 마지막 상소는 대략 임종 직전에 작성한 것으로 추정된다. 유소를 올려 달라는 부탁을 남기지 않아 임종 당시에는 그 소재를 모르다가, 2년 후 유품을 정리하는 과정에서 발견하였다. 주변 사람들이 고심 끝에 임의로 이 유소를 올렸으나, 이에 대해 현종은 아무런 비답도 내리지 않았다.

송준길이 임종하기 전의 모습은 그의 연보에 기록되어 있다. 그는 와병 중에 송시열을 매우 그리워하여, 벽에 걸려 있던 글씨 '高山仰止景行行止 높은 산처럼 우러러보고 큰 길처럼 따라 간다'를 가리키며 문인에게 "우암이 이에 해당하는 사람이다. 눈 덮인 산중에 누워 있으니 내 마음이 괴롭구나."라고 하고, 다시 '一條淸水 한 줄기 맑은 물' 네 글자를 가리키며 "이는 선배가 사암思菴 박순朴淳과 율곡을 품평한 말인데, 지금 세상에서는 이런 사람을 보지 못하였다."라고 하였다. 그리고 "죽고 사는 것은 정해진 이치임을 안 지 오래다. 옛사람이 '나 살아서는 하늘을 순종해 섬기고, 죽어서는 죽음을 편안히 여기리.存吾順 沒吾寧'라고 하신 말씀은 참으로 내 마음을 먼저 안 말이다."라고 말하고서, 부축을 받고 일어나 옷깃을 여미고 꿇어앉았다. 문인들이 편히 앉기를 청하자, "이렇게 앉지 않으면 불안하다."라고 하였다고 한다. 송준길의 부음이 조정에 알려지자, 현종은 매우 놀라고 슬퍼하면서 미처 정승으로 세우지 못한 것을 큰 한으로 여겼으며 매우 슬픈 내용의 전교를 내리고 심지어 며칠 동안 안색이 밝지 못하였다고 김수항은 전한다. 현종은 송준길을 영의정에 추증하였다.

부록

1. 아들과 손자에게 보낸 편지

아들에게

寄子

그곳에 간 뒤로 집에 있을 때와 비교되지 않을 만큼 부지런히 힘쓰고 있느냐? 나에게는 다른 아들이 없고 슬하에 너 한 사람뿐인데도 사랑을 끊고 멀리 보낸 것은 진실로 부득이해서였다. 그런데 네가 이번에 가서도 학문에 힘쓰지 않아 선인善人이 되지 못한다면 더는 가망이 없으니, 나중에 돌아와서 무슨 낯으로 병든 아비를 보겠느냐. 노력하고 또 노력하여 아비와 스승의 가르침을 욕되게 하지 말아라.

너의 양식과 반찬, 의복을 네 어머니가 준비해서 보낸다고 하는구나. 『논어』 첫 번째 권과 토석吐釋도 함께 보낸다. -이때 아들 송광식이 신독재 김집의 문하에 가서 공부하고 있었다.-

1638년, 33세

고향 수령이 전한 너의 편지를 받아 보니 위안이 되는구나. 요

사이 아무 탈 없이 수학하고 있느냐? 너를 그곳에 보낸 뜻은 오직 독서에만 있지 않으니, 말하고 행동하는 사이에 하나하나 모두 본받아야겠다고 생각하여라.

황 수재黃秀才는 언제 돌아간다고 하더냐? 황 수재가 돌아가더라도, 너는 부디 꼼짝 말고 앉아서 글만 읽고 집 생각은 하지 않으면 좋겠다. 가을 옷과 등유를 보낸다.-황 수재의 이름은 황세정이다.-

1638년, 33세

소식을 계속 듣지 못했구나. 아무 탈 없이 수학하고 있느냐? 나태해지지는 않았느냐? 전후로 보낸 너의 편지를 모두 보았는데, 시詩 짓기가 조금 진보된 듯해서 기쁘구나. 그러나 병든 아비가 바라는 바는 여기에 있지 않다. 날마다 네가 예禮를 행하는 데 노력하여 선인善人이 되기를 바랄 뿐이다. 잠명箴銘을 쓰는 일은 병 때문에 아직 쓰지 못했다. 그러나 착실한 공부는 여기에 있지 않으니, 이런 일에 손대기 좋아하는 것을 원하지 않는다. 붓과 먹을 한 자루씩 보낸다만, 바라는 바는 오직 부지런히 독서하는 것뿐이다.

1638년, 33세

어제 날씨가 매우 더웠는데 어떻게 길을 갔는지, 근심스러운 마음을 이루 말할 수 없구나. 부디 근신하여 예절을 행하는 사이에 정신을 차려 온화한 모습으로 천천히 절하고 꿇어앉을 것이며, 혹시라도 경솔히 하여 넘어져서 몸가짐을 흐트러뜨리는 일이 없도록 해라.

그리고 혹여 그곳에 물건들이 눈앞에 가득 있더라도 갖고 싶다는 말을 내지 말며 갖고 싶은 마음조차 일으키지 말고 오직 독서만을 좋아하여 네 아비를 욕되게 하지 말아라. 이것이 실로 병든 아비의 소망이다.-아들이 낙정 조석윤의 가문에 장가갔는데, 이때 조공이 진주 목사였다.-

1639년, 34세

연달아 네 편지를 보고 혼례를 잘 치렀음을 알고 나니, 기쁘고 다행스러운 마음 이루 말할 수 없구나. 이곳은 대체로 여전하니 염려하지 않아도 된다. 너는 혈기가 아직 안정되지 않았고 인사人事도 아직 이루어지지 않았는데, 내가 오랜 병으로 거의 죽게 생겨서 이렇게 일찍 결혼시킨 것을 생각하자니 부끄럽고 두렵구나.

모든 일에 오직 장인의 가르침만을 따라라. 또 침식을 삼가서 나에게 근심을 끼치지 말아라. 병든 아비의 소망은 이 밖에 다른 것이 없다. 더위가 점점 심해지니 만약 길을 떠나거든 더욱 조심하거라.

1639년, 34세

전후로 보낸 편지는 모두 전해 받았다. 이곳은 종가의 16일 분황제焚黃祭*와 17일 시사時祀, 우리 집의 19일 분황제와 20일 시사를 모두 잘 지냈단다. 노안이 안경의 힘을 빌려 겨우 직접 개제改題*할 수 있었다. 비록 글씨가 가지런하고 좋지는 못하다만 그래도 남의 손을 빌리는 것보다는 낫구나.

1660년, 55세

대체로 사람을 논평할 때는 반드시 그 죄상에 맞은 뒤에야 그 사람도 진심으로 승복하니, 절대로 지나치게 논박해서 상대를 격노시켜 다툼을 일으키지 말아라. 옛날의 벗들은 서로 간절히 충고하고 함께 학문을 연마하면서도 서로 권면하는 것이 부족하다고 여겼다. 그런데 지금의 벗들은 한 마디만 맞지 않아도 바로 좋지 못한 심사를 드러내니, 나는 이것이 무슨 태도인지 모르겠다. 너는 부디 십분 조심하여 남의 입에 오르는 일이 없도록 하여라.

1660년, 55세

* 분황제焚黃祭 : 죽은 이에게 관직을 증여할 때 내린 교지를 누런 종이에 한 부 더 베껴 써서 무덤에 가지고 가서 아뢴 후 불사르는 것을 말한다.

* 개제改題 : 추증이나 삭탈 등 관직에 변동이 있거나 제사를 받드는 자손이 바뀌었을 경우에 신주에 기록된 사항을 고쳐 쓰는 것이다.

한계희韓繼禧의 『역학계몽요해易學啓蒙要解』가 이곳에 없으니 매우 이상하구나. 강원講院의 여러 책과 뒤섞여 있는 것이 아닌지 모르겠다. 그때 서연에서 진강하느라 강원에 둔 것 같으니, 진선국秦善國, 용처해龍處海 등 두 하리를 불러 자세히 물어보아라. 그 책은 필사본으로 형태가 보통 책과 달리 폭이 넓고 길이가 짧으니, 이런 내용을 아울러 말해 주면서 물어보아라. 만약 잃어버렸다면 매우 애석한 일이다.

1660년, 55세

전후로 보낸 편지는 모두 받아 보았다. 네가 성상 앞에 나아가 간곡한 말씀을 들었다는 것을 알고 나니, 지극히 영광스럽고 감격스러운 마음 형언할 수 없구나. 늙고 병들어 물러나 있는 신하가 이토록 성상의 염려를 받았으니, 감격해 흐느끼는 것 말고 더 무슨 말을 하겠느냐.

이곳의 나는 눈 내린 산중에 문을 닫고 지내다 보니 심사가 쓸쓸하구나. 날로 심하게 쇠약해짐을 스스로 느끼고 있으니, 부자지간이 멀리 헤어져 있을 때가 아닌 것 같다. 그러니 설을 쇤 뒤에는 식구를 데리고 돌아오기를 결심하는 것이 좋을 듯하구나.

1660년, 55세

오늘 성상께서 액정서의 하인을 보내어 내리신 여러 물품을 받고는 감읍하는 것 말고는 어찌할 바를 몰랐다. 그 사람이 돌아가는 편에 이 편지를 부친다.

어제 별장 아재가 찾아와서 만났는데, 입을 만한 옷이 전혀 없음을 보니 측은한 마음을 견딜 수 없었다. 그래서 내가 깔고 앉던 모포를 주어 바지를 만들어 입게 하였다. 만약 그곳에서 산양 가죽으로 만든 작은 이불을 사용하지 않으면 인편에 내려보냈으면 한다.

1660년, 55세

사성思誠 권시의 상소를 보니 참으로 애석하구나. 이 영감이 경쟁심이 강한 것은 본래 타고난 마음의 문제이지만, 사람들이 억누르는 것은 반드시 치켜세우고 사람들이 치켜세우는 것은 반드시 주저앉히는 버릇 또한 본래부터 이 사람의 문제점이다.

그리고 이 사람이 저자와 평소에 약간의 교분이 있기는 하지만 저자의 악함을 모름이 이 지경에 이르렀으니, 개탄한들 무슨 소용이 있겠느냐. 그러나 사성의 상소가 우리를 헐뜯고 배척하기 위한 것이라고 한다면, 그의 본심으로 미루어 볼 때 그렇지 않을 듯하다. 상소 가운데 운운한 말은 모두 평소 나와 만나 서로 권면한 말이니 무엇이 해롭겠느냐. 그러나 나로 하여금 윤선도尹善道의 상소를 홍이룡洪以龍의 상소처럼 보기를 바란 것은 사리를 헤아리는 그의 저울이 정밀하지 못해서이고, 윤선도를 논한 몇 줄의 말도 크게 잘못되었으니, 마음이 밝지 못함이 무엇 때문에 이 지경에 이르렀는지 참으로 괴이하구나.

그러나 통탄스러운 바는 사성이 죽을 각오로 신명身命을 바쳐 충성을 다함은 실로 남들은 모르지만 나만은 알고 있기에, 항상 나로서는 미칠 수 없다고 마음속으로 감복하였다. 그런데 지금 잘못을 저지름이 이와 같아서 비방이 세상에 가득하므로 낭패하고서 물러났으니, 이는 저 사람의 불행이 아니라 실로 시운의 불행이다. 그래도 대간大諫의 상소에 형편없는 소인으로 지목한 것은 실로 매우 원통하다. 사용한 어휘들이 정도를 지나쳤으니 매우 한스럽구나.

1660년, 55세

근자에 보건대, 젊은 여러 학사가 청의淸議 높고 깨끗한 언론를 자신의 신조로 삼아 굳게 지키기를 힘쓰니 감탄을 금할 수 없구나. 오늘날 조정에 이들이 없다면 더욱 다른 누구를 믿겠느냐. 그러나 아무개가 내부의 도움을 믿고서 옥사獄事를 뒤집으려 할 테니, 그리된다면 제공諸公이 극도의 낭패를 볼 것이다. 대체로 이들이 어렵게 펼친 많은 논의가 끝내 본방本房 왕비의 친정과 서로 안팎이 되는 결과가 되고 말 뿐이니, 어찌 매우 부끄럽고 가소로운 일이 아니겠느냐.

어제 김영숙金永叔 김만기을 만나 이와 같이 말하였더니, 영숙 또한 이미 알고 있다고 하였다. 대체로 아무개의 무도함과 아무개의 억울함을 제공이 분명히 알고 있으면서도, 모두 저 사람을 돕고 이 사람을 억압하기를 일삼는 데 급급한 것은 무슨 까닭이냐? 깨끗한 언론으로 이름 내기를 좋아하는 마음의 부림을 받아 그리됨을 면치 못한 것이지만, 조물주가 일을 벌이기 좋아하기 때문에 본방을 보내어 그 사이에서 농간을 부리게 해서 제공이 스스로 뉘우치고 깨달아 방향을 전환하는 계기로 삼게 하려는 것이 아니겠느냐.

이 일이 어떻게 결말이 날지는 알 수 없으나, 가령 함경咸卿 이일상李一相이 큰 견책을 받는다면 오히려 웃음을 머금고 스스로 다행으로 여길 테고, 여러 학사에게도 다행이라고 할 수 있을 것이다. 다만 나랏일이 크게 우려될 뿐이다. 그러나 제공이 한쪽은 편들고 한쪽은 억누르는 것이 끝까지 크게 준엄하지만 않다면, 성상께선들 어찌 온 세상의 공의公議가 이와 같다고 여겨 드디어 마음을 돌리시지 않겠느냐.

사람들은 모두 옥사를 뒤집은 것이 본방 탓이라고 하지만, 나는 본방 때문이 아니라 실은 여러 학사 때문이라고 생각한다. 그러니 제공은 스스로 그 허물을 받아들여야 마땅하고, 절대로 성상께서 일방적으로 본방의 말만 들었기 때문이라고 해서는 안 될 것이다. 어떻게 생각하느냐?

홍 대감의 일은 더욱 해괴하구나. 그 사이의 세세한 곡절은 모두 차치하고라도 국가에 진실로 이 대감이 하루도 없어서는 안 되니, 만약 참소를 입어 퇴척退斥된다면 국사가 장차 어디로 가겠느냐. 제공의 깨끗하고 고상한 언론을 아마도 여기에 써야 할 것이다.

양주 목사楊州牧使가 와서 말하기를, 대수大受 민정중閔鼎重 영감이 장차 논의를 일으키려 한다고 하였다. 이미 발론發論하였는지는 모르겠으나 그의 논의가 과연 모두 도리에 맞다고는 보장할 수 없으니 더욱 심히 우려됨을 견딜 수 없구나. 아무개가 처음에 풍문을 듣고 발론한 것은 무방하지만 피사避辭까지 한 것은 너무 심하고, 이번에 이르러서는 무도하기 그지없다. 이는 바로 무고자誣告者의 부류이다. 국가에서 대관臺官을 둔 것이 어찌 그로 하여금 사심을 품고 남을 무함하게 하기 위해서이겠느냐. 그렇다면 매양 언사 대간言事臺諫으로 자부한 제공의 행위가 스스로 대각을 욕되게 한 것이 심하지 않느냐. 조가朝家에서 처리를 잘못한 것은 있었지만 어찌 함경이 그 잘못을 다 알았겠느냐. 그런데 이로써 모두 함경을 허물한다면 아마도 억울하게 여길 것이다.-이때 상서 이일상이 대간의 탄핵을 받았다. 홍 대감은 바로 기천沂川 홍명하洪命夏이다.-

1663년, 58세

양로연養老宴이 있던 날에 마침 큰 바람을 만났으니, 노인들 중에 다친 사람이 없었는지 자못 염려되는구나. 연회에 모인 사람 중에 양반은 몇 사람이고 상인常人은 몇 사람이며, 술과 음식이 너무 간소하지는 않았느냐? 참석하지 못한 분들에게 무슨 물품을 보낼지도 이미 생각해 두었느냐?-이때 아들 송광식이 이산尼山 수령으로 있으면서 양로연을 베풀었다.-

1663년, 58세

황산에는 잘 다녀왔느냐? 친구끼리 서로 만나 담론하는 것은 다행스러운 일이지만, 말을 하는 사이에 망발이 많기 쉬우니 너를 위해 매우 염려되는구나.

1663년, 58세

예관禮官이 문의한 여러 통의 조지朝紙를 보내니, 부디 베껴 두어 여러 어른께 보여 드리고 원본은 즉시 돌려보내도록 하여라.

대체로 『대전속록大典續錄』에 이미 각 현학縣學에서 우리나라 제현을 제사 지내도록 하였다. 비록 포은圃隱 이하가 『속록』에 실려 있지 않으나, 당초에 나라에서 반드시 아울러 제사 지내도록 현학에 분부한 모양이다. 따라서 양남兩南의 여러 고을 중에 제사 지내지 않는 곳이 없고, 제천에서도 우리나라 9현을 아울러 제사 지낸다고 한다. 그런데 회덕과 연기燕岐에서 빙월氷月 설총薛聰, 고운孤雲 최치원崔致遠, 회헌晦軒 안유安裕, 포은 정몽주鄭夢周만을 제사 지내는 것은 무슨 까닭인지 매우 괴이하고 의아스럽구나. 이산, 연산, 은진 등 여러 고을에서는 어찌하고 있는지를 부디 물어서 알려 주기 바란다.

앞으로 여러 유현儒賢을 아울러 제향하도록 청원하는 일을 할 수밖에 없을 듯하니, 여러 어른과 의논하도록 하여라. 그리고 연평延平 이동李侗 선생이 종사從祀의 대열에 끼지 못한 것이 참으로 괴이한 일이므로, 내가 상소에 언급하려 하는데 어떨지 모르겠구나.

어지러운 서책 가운데에서 마침 『대전大典』의 대문大文만 뽑아 베낀 책을 찾아내었는데, 이는 바로 너의 조부께서 수령으로 계실 때 항상 즐겨 보시던 것이다. 부디 자세히 보도록 하여라.

1663년, 58세

손자 병하에게

寄孫炳夏

6일에 보낸 너의 편지를 보고서 더운 날씨에 온 집안이 두루 편안함을 알고 나니, 매우 기쁘구나. 나도 근근이 지내고 있다.

한 서윤韓庶尹 부자가 이웃에 있으니, 부디 자주 찾아뵙고 또 배우기를 청하여 부지런히 읽으면 좋겠다. 동명東溟 정두경 어른도 찾아뵙고서 동춘당기同春堂記와 사육서四六序를 어째서 지어 보내지 않느냐고 나의 말을 전해 고하도록 하여라. 병을 앓고 있는 송 감역宋監役에게도 가서 문병하도록 하여라. 이 밖에는 절대로 출입하지 말고 조용히 앉아서 글을 읽거나 글씨를 쓰기만 바란다.

1663년, 58세

손자 병원에게

寄孫炳遠

내가 떠나온 뒤로 온 집안의 안부가 어떠하냐? 그립기 그지없구나. 나는 3일 오후에 성상이 계신 곳에 나가 즉시 만나 주시는 은혜를 입었다. 4일에 어가를 호종하여 소사素沙에 당도해서는 뒤에 떨어져서 오 진사吳進士의 집에 머물면서 병을 조리하였다. 8일에서야 비로소 천안에 당도하여 공산公山으로 갈 생각이었으나, 비가 이처럼 내려 우선 지체하고 있다. 그런데 성상께서 도성으로 들어가기를 권하심이 매우 은근하고도 간절하여, 승지와 사관이 연달아 왔단다. 그러나 끝내 성상의 분부를 받들지 못했으니, 황송한 마음 그지없구나.

우암 대감이 입대하여 "체직을 윤허하시면 어가를 수행하겠으나, 그렇지 않으시면 도망해 숨을 것입니다."라고 하였으므로 성상께서 부득이 체직을 윤허하셨는데, 우암이 현재 서울로 들어가서 동호東湖에 머물고 있다고 한다.

동궁의 환후가 대체로 나으셨으나 아직 평상시로 회복되지는 않으셨다고 하는구나.

자문子文 송상검宋尙儉도 잘 지내고 있느냐? 너희들은 부디 십분 근면하여라. 언문 편지는 미처 쓰지 못했다.

1668년, 63세

손자 병익에게

寄孫炳翼

그립던 중에 14일에 보낸 네 편지를 보고서 잘 지내고 있음을 알고 나니 매우 기쁘구나. 이곳도 편안하다. 나라에서 주는 땔감을 네가 어찌 받을 수 있겠느냐. 그 물품 목록조차 받지 말도록 하여라. 너는 부디 마음을 진정하고 꼼짝하지 말고 앉아서 부지런히 독서하도록 하여라.

1671년, 66세

외손자 민진후와 민진원에게

寄外孫閔鎭厚鎭遠

너희 형제의 편지를 보고서 너희들이 부모를 모시고 잘 지내고 있음을 알고 나니 기쁘구나. 나도 잘 지내고 있다. 관아觀兒 민진후가 지은 시를 보니 놀랍고도 기쁘구나. 그러나 지식을 풍부하게 많이 쌓는 것이 제일이니, 과거에 급급할 필요는 없다.

1671년, 66세

2. 동춘당 송준길을 추억하며*

송시열 宋時烈

나와 공은 비록 서로 매우 아끼고 좋아하였으나, 논의의 옳고 그름을 따짐에는 입장이 전혀 다른 것이 더러 있었다. 그중에 가장 달랐던 일은 옥천의 전곽사우 全郭祠宇*를 철거하는 일이었는데, 각각 소견을 고집하여 끝내 서로 양보하지 않았다. 나는 성품이 편협하고 급하여 목소리와 얼굴색에 드러내기까지 하였고, 공도 너그럽게 용서하지 않았다. 내가 먼저 뉘우치고 무례했음을 사과하였으나, 그 시비에 대해서는 서로 끝내 받아들이지 않았다. 그 뒤에 공이 성상 앞에서 결국 내 말을 채택하여 민정중과 함께 계사를 올려 철거하기를 청해서 윤허를 받았다. 공은 일을 처리함에 빈틈없이 자세하며, 자기의 의견을 버리고 남의 의견을 따름이 이와 같았다.

* 동춘당 송준길을 추억하며 : 『동춘당집』 별집의 「유사 遺事」와 속집의 「제가기술잡록 諸家記述雜錄」을 정리한 것이다.
* 전곽사우 全郭祠宇 : 전팽년 全彭年 과 곽시 郭詩 를 모신 사당이다.

윤휴尹鑴가 직첩을 반납할 때 나와 초려草廬 이유태李惟泰가 그를 칭찬하며 백이伯夷에 견줄 만하다고 하자, 공이 웃으며 말하기를 "군자는 한마디 말로 지혜로운 사람이 되기도 하고 한마디 말로 지혜롭지 못한 사람이 되기도 하는 것인데, 여러분이 이처럼 사정을 헤아리지 않고 말할 줄은 생각지 못하였습니다. 윤휴의 일이 고상하기는 하지만 그가 과연 성인의 경지에 이르렀는지는 모르겠습니다. 백이가 주나라의 녹을 먹지 않은 것 말고 덕행이 어떠하였기에 공자에게 인자仁者라는 칭송을 받았는지요?" 하기에, 내가 "전체를 말한 것이 아니라 한 가지 일만 말한 것입니다."라고 대답하였다. 그러자 공이 말하기를 "한 가지 일로 말하더라도 반드시 굶어 죽은 뒤에 백이와 같다고 말해도 늦지 않습니다."라고 하였다.

효종조 계사년1653에 우리 종족宗族이 유씨柳氏 할머니를 위해 표창을 내려 주는 은혜를 청할 때, 단지 묘표에 실린 몇 줄의 문자만을 근거로 삼아서 조정에 아뢰어 소략함이 심하였다. 고모 김 호군金護軍 댁이 조부 도사공都事公께서 기록하신 유씨 할머니의 일을 매우 상세히 외고 계시므로 내가 문자로 적어 주시기를 청하니, 고모는 "나는 평소 문자를 남에게 보인 적이 없다."라고 하시고서 마침내 언문으로 기록해 주셨다. 내가 보은에서 급히 사람을 보내어 문중에 알렸는데, 공이 봉투를 뜯어 그 기록을 보고는 다 읽기도 전에 눈물을 줄줄 흘렸다고 한다. 그때 마침 전중殿中 송사신宋士臣이 그 자리에 있다가 직접 보고서 내게 말하기를 "우리는 사람도 아닙니다. 오래된 선대의 일을 위해 마음에서 일어나는 정이 이와 같으니, 다른 사람이 도저히 미칠 수 있는 바가 아닙니다."라고 하였다.

공은 매양 스스로 말하기를 "나는 정신과 체력이 매우 약하여 글을 읽을 때 생각을 다해 궁리할 수가 없다."라고 하였다. 그러나 이는 스스로 겸양하는 말씀이다. 그 연구하는 수준이 지극히 정밀하고 명확하여 아무리 부정하려 해도 부정할 수가 없다.

황세정黃世楨

기유년1669에 선생이 조정에 계실 때 현종께서 온천욕을 떠나며 선생에게 명하여 서울에 남아 세자를 보양하게 하였으므로, 선생은 서연 출입에 편의를 위하여 궐내의 선공감에 주거하였다. 선생은 그때 선공감 제조를 겸임하고 있었다. 내가 선생에게 안부를 여쭈려고 선공감으로 가 보니, 마침 선생은 진강할 것을 익히고 있었다. 단정히 손을 모으고 꿇어앉아 『소학』 책을 책상 위에 펴 놓고서 읽는데, 그 소리가 청아하고 해석하는 음성이 유창하니 좌중이 옷섶을 여미고 경청하지 않는 이가 없었다. 물러 나와서는 서로 칭찬하기를 "오늘 신선강관神仙講官을 보았다."라고 하였다.

후생과 경사經史를 강론할 때는 반드시 양단을 다 들어 자세히 말씀해 주었기 때문에 듣는 자가 쉽게 이해하였다. 만약 다 이해하지 못하면 밖에 나가 사색하게 하고, 그래도 이해하지 못하면 다시 다른 책을 배우게 하였다.

남과 술잔을 주고받을 때 눈동자에 빛이 나고 흰 이를 드러내며 웃으시니, 담소가 시작되면 온 좌중이 귀를 기울여 들으며 저도 모르게 무릎을 점점 앞으로 내었다.

선생은 때때로 눈을 감고 단정히 앉아 근엄한 모습으로 무엇인가를 생각하는 듯하였다. 혹은 한밤중에 일어나 앉기도 하였는데, 옆 사람은 단지 옷과 이불을 거두는 소리만 들을 수 있을 뿐이었다. 잠시 뒤에는 다시 취침하였다. 하루는 내가 모시고 잠을 자다가 가만히 엿보니, 선생이 노복을 불러 불을 밝히게 하고는 『연평문답』 중에서 희로애락이 드러나기 이전의 기상을 논한 것을 가져다 보고 계셨다.

선생은 스승과 벗들 사이에 성의가 지극히 돈독하여, 비록 음식과 같은 자잘한 일에도 반드시 그들이 즐기던 것을 생각하여 다른 반찬보다 먼저 수저를 대었다.

선생이 일찍이 말씀하였다. "구봉龜峯 송익필宋翼弼 선생이 교하交河 파주의 옛 이름 의 막사에 계실 때, 나의 외종조 황강 김계휘 선생은 서울에서 벼슬살이를 하고 계셨다. 사계 선생께서 황강의 명을 받고 막사로 가서 『근사록』을 배우며 몇 달을 머무셨는데, 보리밥에 조악한 찬을 잡수신 나머지 서울로 돌아왔을 때는 기력이 크게 쇠약하셨다. 황강의 별실 부인이 이를 보고 마음 아파하며, 곧 비를 무릅쓰고 몸소 채소밭에 들어가 명아주를 뜯어 직접 국을 끓여 드렸다. 그 별실이 죽은 뒤에 사계 선생은 명아주 국을 대할 때마다 흐느껴 울면서 그 국에 먼저 수저를 대셨다. 이것이 어찌 진미이기 때문이겠는가. 선생께서 먼저 수저를 대신 것은 죽은 이를 슬퍼하고 옛일을 기억하신 지극한 정이 아니겠는가. 그 정경이 매우 애절했기 때문에 나도 명아주 국을 대하면 선생이 생각나서 매양 먼저 수저를 대었다. 영보송시열는 여름철에 병을 잘 앓았는데, 무더위에 시달려 몸이 파리해졌다가 첫가을이 되어 무가 나온 뒤에야 위의 기능이 점차 되살아나서 병도 나았다. 그러므로 나도 무나물을 대하면 영보가 생각나서 먼저 먹는다. 태지泰之 이유태는 유독 청각채를 즐겨 먹었는데, 언젠가 '내가 염병을 앓을 때 겨우 열은 물러갔지만 입맛이 돌아오지 않아 어떤 음식이고 모두 입에 대기 싫었는데 베개 옆에 청각채가 있는 것을 보고는 나도 모르게 손으로 뜯어 입에 넣었다네.'라고 말하였다. 그 식성이 우습지만, 나도 어쩌다 청각채를 대할 때면 태지가 생각나서 먼저 맛을 본다."

손자 송병하宋炳夏

부군이 일찍이 말씀하기를 "나는 『시집전詩集傳』에서 가장 많은 도움을 받았다. 이 글을 읽은 뒤로 문리가 크게 진보하였다."라고 하였다.

부군이 일찍이 말씀하기를 "예학도 참으로 쉽지 않지만 이학理學이 가장 어렵다. 일찍이 율곡께서 '다른 것은 어렵지 않지만 정심正心은 어렵다.'라고 하였으니, 이는 율곡께서 몸소 체험하셨기 때문에 이와 같이 말씀 하신 것이다." 하였다.

만년에 『자치통감강목資治通鑑綱目』을 즐겨 읽으셨는데, 소인이 임금을 현혹한 곳에 이르면 반드시 책을 덮고 한숨을 쉬셨다.

일찍이 선산에 비석 세우는 일을 할 적에 공인에게 품삯으로 마구간에 있는 말 한 마리를 주었는데, 공인이 말을 끌고 돌아간 뒤에 그 말이 갑자기 달리다가 죽었다. 부군이 이 소식을 듣고 가엾게 여기며 즉시 그 공인을 불러 또 그 품삯에 걸맞게 더 주니, 그 사람은 크게 기뻐하며 "기대에 넘치게 주시니 고맙습니다."라는 말을 되뇌며 돌아갔다.

안세징安世徵

무신년1668 연간에 사산정사沙山精舍에서 『심경』을 배웠다. 서산西山 진덕수의 「심경찬心經贊」에 이르러 선생이 말씀하기를 "기억하건대 왕년에 효종께서 『심경』을 진강하라고 명하시며 '서산의 찬은 말의 뜻이 격렬하면서도 적절하니, 더욱더 완미해야겠다.'라고 하고서 다른 장의 진강이 끝나자 다시 이 찬을 읽었는데, 그 낭랑한 옥음玉音이 지금도 귓가에 남아 있다. 그대들과 이 찬을 강설할 때마다 감정이 격렬하게 일어나 슬퍼지는 마음을 견딜 수 없다."라고 하면서 눈물을 흘렸다.

문인 남궁원南宮垣

지난 갑진년1664 초에 회덕정사懷德精舍에서 선생을 처음 뵈었는데, 문에 들어서서 바라보니 고결한 인품이 장엄하였다. 당에 올라 모시고 앉으니 안색이 온화하고 모습이 여유로워 아름다운 풍채가 사람을 감동시키고 온화한 기상이 등 뒤에까지 넘치셨다. 선학仙鶴이 하강하고 봉황이 와서 춤추는 듯하고, 맑은 목소리와 깨끗한 얼굴빛은 봄날의 화창한 바람과 갠 밤하늘의 밝은 달 같아, 사람들에게 작은 잡념도 마음에 남아 있지 않게 하고 모든 사욕이 가슴에서 깨끗이 사라지게 하셨다. 선생께서 사람을 가르치실 때는 자상하게 잘 깨우치고 부지런히 가르쳐서 여러 서적으로 식견을 넓혀 주되 경서經書를 배우도록 권면하고, 예로써 몸을 단속하며 언행을 삼가도록 경계하셨다. 그리하여 몽매한 자도 머리가 열리고 어리석은 자도 힘써 수행하였다. 퇴계와 율곡 등 여러 선생도 동춘 선생과 같았는지 모르겠다.

선생은 안색이 온화하고 말씀이 화평하며, 그 사람됨이 옥과 같고 용모가 그 마음과 같았다. 그리하여 세상 사람들이 모두 선생을 '자리 위에 부는 봄바람'이라 하였다.

선생의 모든 언행과 동정이 위로 하늘에 부끄럽지 않고 아래로 땅에 부끄럽지 않았으니, 당시의 모범이 되고 만세의 규범이 되기에 충분하다.

춘옹春翁 송준길의 기상은 따뜻한 봄처럼 온화하였으니 서우화풍瑞雨和風 단비와 봄바람이고, 우옹尤翁 송시열의 기상은 태산처럼 높고 험하였으니 추상열일秋霜烈日 가을 서리와 뜨거운 태양이다. 말씀이 조용하여 모가 나지 않은 분은 춘옹이고, 언론이 준엄하여 격양이 지나친 분은 우옹이셨다.

문인 송규렴宋奎濂

선생께서 방을 깨끗이 쓸고 고요히 앉아서 마음을 보존하고 성품을 수양하여 연세가 드실수록 더욱 독실한 것은 거경居敬의 방법이었고, 예절과 의칙儀則을 빠짐없이 강구하여 크고 작은 길례吉禮, 흉례凶禮, 상례常禮, 변례變禮를 행하신 것은 예를 실천하는 행실이었다. 온화와 공손으로 덕을 닦고 효도와 우애로 집안을 다스려 정성을 다해 제사를 받들고 은택을 종중에 입힌 것은 집안을 다스리신 미덕이었고, 게을리 하지 않고 잘 인도하고 널리 대중을 포용하여서 원망하는 자가 없어 모두 기뻐하며 복종한 것은 남을 대하신 성실함이었다. 은거하였으나 명성이 드러나서 소명召命이 계속 내리는데도 10년을 꼼짝하지 않고 앉아 문밖을 나가지 않은 것은 초년에 도를 지킨 바른 기상이었고, 성대한 세상이 오랜만에 와서 중흥의 기대가 있자 조정에서 소인을 배척하고 군자를 찬양하며 경연에서 힘을 다해 보좌한 것은 중년에 맞는 계합契合의 융성함이었다. 의리는 스승이었으나 서연의 직책을 맡아 일심으로 가르치고 지성으로 이끈 것은 만년에 보좌하신 공이었고, 시대를 근심하고 임금을 사랑하는 마음을 잠시도 잊지 않아 알고는 말하지 않음이 없고 말을 하면 다 말하지 않음이 없었던 것은 일생 동안 나라에 바친 충성이었다.

문인 이기홍李箕洪

우리 선생은 동방의 정명도로 화창한 바람과 단비 같고 상서로운 해와 구름 같았다. 연원이 바르고 조예가 높았으며, 백성을 보호하고 군주를 높여 요순처럼 만들고자 하였다.

문인 곽시징郭始徵

선생의 도덕과 학문은 대지와 하해 같아 한계가 없었다. 우암 선생과 동시대에 태어나셔서, 개탄하며 사문斯文을 일으킬 것을 자신들의 임무로 삼고 함께 많은 성인이 전하신 중요한 정법正法을 찾아냈다. 그리하여 마침내 정자와 주자의 뒤를 잇고, 율곡과 사계의 적통을 계승하였다. 효종조 시대에는 춘추대의春秋大義를 지켜 우리 동방이 군신과 부자의 의리를 알아 오랑캐와 금수가 되는 것을 면하게 하니, 이로 인해 의리가 크게 밝아졌다. 크게는 천지의 높고 깊은 이치에서부터 작게는 미세한 사물의 이치에 이르기까지 드러내어 밝히지 않은 것이 없었으니, 바르지 못한 요망한 말들이 그칠 수 있게 되었다.

문인 이희조李喜朝

지촌芝邨 이희조가 일찍이 선생께 그의 선고 정관재靜觀齋 이단상李端相의 행장을 지어 주기를 청하였는데 미처 짓지 못하고 선생께서 서거하시니, 지촌은 이를 평생의 한으로 여겼다. 선생께서 병이 위중할 때 우암과 문답한 이야기를 듣고는 당신도 모르게 눈물을 흘리셨다고 하니, 아마도 이는 진실로 따르고 심취하여 더욱 존경하는 마음이 있어서였을 것이다.

송국귀宋國龜

우리 선생의 도덕과 공업이 셀 수 없이 많다. 그중에 큰 것을 들어 말하면, 경敬을 중시하는 것을 학문의 근본으로 삼고 예로써 몸을 단속하여 우리 사계 선생의 유업遺業과 율곡 선생의 정맥을 이으신 것이 선생의 도덕이다. 그리고 벼슬하지 않고 시골에 계실 때는 사도斯道를 제창하여 후학을 가르치고 벼슬에 나아가서는 대의를 밝혀 강상綱常을 부지하여 우리 동방 예의의 나라를 오랑캐와 금수의 지경에 빠지지 않게 하신 것이 선생의 공업이다.

송필환宋必煥

선생은 사람을 잘 알아보시어, 사람의 사정邪正과 궁달窮達을 논함에 잘못된 적이 없었다. 송도창宋道昌이 생원시의 장원으로 선산의 묘소에 가서 아뢴 뒤에 송촌으로 오니 문중에서 술자리를 마련해 대접하였는데, 우암과 동춘도 모두 이 자리에 참석하였다. 그 사람의 용모와 자태가 아름다워 보는 이들이 모두 사랑하고 기뻐하였다. 자리를 파한 뒤에 우암이 "이 사람은 현달할 것이 틀림없다."라고 하니, 동춘이 "그 미목眉目 사이에 어두운 기운이 있으니 그렇게 될는지 모르겠네."라고 하였다. 그 뒤에 과연 그 사람은 성취하지 못하고 요절하였다. 조부송규렴께서 일찍이 말씀하시기를 "동춘께서 주목하여 사람을 볼 때는 그 사람의 심중을 꿰뚫어 보는 것 같았다."라고 하였다.

삼연三淵 김창흡金昌翕

동춘당께서는 후학을 인도하는 방법이 매우 훌륭하였다. 혹 옳지 않은 일이 있으면 아무리 대단한 일이라도 반드시 대면해 책망하였고, 그 사람이 과연 허물을 고치면 기뻐하는 뜻이 안색과 말씀에 성대하게 드러났다. 그리고 그 사람에게는 말하지 않고 먼저 다른 사람에게 말한 적이 없었으니, 이 점이 가장 본받을 만하다.

지암止菴 김양행金亮行

우옹과 춘옹은 사람을 대하는 기상이 각각 달랐다. 우옹은 처음 빈객을 만날 때는 매우 장엄하나 오래되면 점차 꾸밈없이 화목하게 대하며 성대하게 가까이하려는 뜻이 있었고, 춘옹은 처음 빈객을 만날 때는 매우 온화하나 오래되면 점차 엄숙하고 단정하게 대하므로 두려워 가까이할 수 없는 기색이 있었다.

도암陶菴 이재李縡

동춘께서는 초상화가 머리털 한 올이라도 같지 않으면 바로 다른 사람이라고 여기셨다. 그러므로 초상화를 남기지 않으셨으나 그 전형典型은 후인도 오히려 상상해 알 수 있을 것이다.

정관재靜觀齋 이단상李端相

두 분 송 선생은 함께 사계 선생의 도를 전한 분이다. 동춘 선생은 인품이 고결하고 용모가 아름다워 기상이 훌륭하였다.

본래 온후하고 화평한 자질을 타고난 데다 학문을 하여 정직하고 강대한 기상을 이룩하였으므로 양조兩朝 효종과 현종의 스승으로 융숭한 예우를 받았다.

춘야春爺 송준길가 조정에 나와 연일 강석에 입시하였다. 며칠 전에 원자와 상견례를 거행하고 또 입대하였을 때 성상의 특별한 돌보심을 받았으니, 이는 진실로 우리 동방의 성대한 일이다.

문인 조명세趙鳴世

우리 선생은 황하와 태산의 영기가 모인 분으로, 마음이 얼음처럼 맑고 가을 달처럼 깨끗하며 용모가 아름답고 품행이 고결하였다. 학맥은 율곡에 연하고 계통은 사계를 이어 백세의 스승이 되셨다.

『야승절요野乘節要』

현석玄石 박세채가 일찍이 말하기를 "춘당의 상소와 편지는 진실하고 합당하여 글자마다 보배로 삼을 만하다." 하였다.

미호渼湖 김원행金元行

춘옹께서 후학에게 한을 남기신 두 가지가 있는데, 하나는 초상화를 남기지 않은 것이고 하나는 강론을 남기지 않은 것이다. 초상을 남기지 않은 것은 겸손한 덕 때문이고 강론을 남기지 않은 것은 입과 귀로 전하는 학문을 경계하셔서이니, 이것이 모두 선생의 좋은 뜻이다. 그러나 백세 뒤에도 후인들의 추모가 쇠하지 않건만 용모를 우러러볼 곳이 없고 경전의 뜻을 살펴볼 곳이 없으니, 이 어찌 한스러운 일이 아닌가.

매산梅山 홍직필洪直弼

동춘은 선악을 변별함에 엄격하였다. 일찍이 『주서절요朱書節要』를 보다가 급히 칼을 가져다 황준량이 지은 발문을 도려내셨다. 또 윤선거와 더불어 한강寒岡 정구鄭逑의 계축년1613 상소를 언급하다가 크게 옳지 못한 곳이 있었는데, 윤선거가 "당시 시론時論을 어찌 다 어길 수 있었겠는가." 하자, 동춘이

"시론이라 해서 어찌 구차히 따를 수 있겠는가. 이렇게 해야만 변경할 수 없는 언론이 된다." 하였다. 우암이 "온후하고 화평한 중에 정직하고 강대한 기상이 있다."라고 한 것은 참으로 동춘의 덕을 알고 한 말이다.

삼연이 일찍이 말하기를 "본조의 현인들 중에 극벌원욕克伐怨欲*이 하나도 없는 분은 오직 춘옹뿐이시다." 하였으니, 참으로 식견이 있는 말이다.

* 극벌원욕克伐怨欲 : 『논어』「헌문憲問」에 나오는 말로, 이기기를 좋아하고, 교만하고, 시기하며 원망하고, 탐욕을 부리는 것을 뜻한다.

1606년 선조 39, 1세

- 12월 28일 서울 정릉동에서 태어나다. 이후 부친의 임지를 따라 진안, 신녕 등지에서 어린 시절을 보내다.

1614년 광해군 6, 9세

- 『사략』을 시작으로 글을 읽기 시작하다.
- 송시열이 와서 송촌에서 함께 기거하며 공부하다.

1620년 광해군 12, 15세

- 관례를 행하다. 김장생이 관을 씌우고, 김집이 찬이 되고, 이시직이 빈이 되다.

1621년 광해군 13, 16세

- 2월, 모친상을 당하다.

1623년 인조 1, 18세

- 사계 김장생의 문하에서 『소학』, 『가례』 등을 배우다.
- 가을, 생원진사 초시에 합격하였으나 시험관의 반대 의견으로 파방되다.
- 10월, 정경세의 딸에게 장가들다. 생원진사 초시에 합격하다.

1624년 인조 2, 19세

- 8월, 생원진사 회시에 합격하다.

1625년 인조 3, 20세

- 별시 초시에 합격하다.
- 아들 송광식이 태어나다.

1626년 인조 4, 21세

- 9월, 부친이 파관되어 송촌으로 돌아오다.

1627년 인조 5, 22세

- 5월, 부친상을 당하였다.

1628년 인조 6, 23세

- 부친의 행장을 사계 김장생에게 청하고, 묘갈문을 청음 김상헌에게 청하다.

1630년 인조 8, 25세

- 3월, 익위사 세마에 제수되었으나 나가지 않다.
- 송시열이 옥천에서 이주하여 함께 학업을 강마하다.

1631년 인조 9, 26세

- 사계 김장생을 곡하다.

1633년 인조 11, 28세

- 5월, 동몽교관이 되다.
- 6월, 장인 정경세를 곡하다. 사직하고 고향으로 돌아오다.

1634년 인조 12, 29세

- 4월, 송시열과 함께 인동에 가서 여헌 장현광을 찾아뵙고, 연산에 가서 사계 김장생을 돈암서원에 봉향하기 위한 향례의절을 초안하다.

- 6월, 딸 송정일이 죽다. 회덕현 학당산 송씨 묘역에 장사 지내다.

1635년 인조 13, 30세

- 1월, 「자경잠自警箴」을 쓰다. 정헌세에게 답하여 퇴계와 율곡의 이기설理氣說에 대하여 논하다.
- 10월, 익위사 시직에 제수되었으나 나가지 않다. 청음 김상헌을 찾아뵙다.

1636년 인조 14, 31세

- 12월, 병자호란이 일어나자 가묘를 받들고 사한리로 들어가다.

1637년 인조 15, 32세

- 1월, 호란을 피하여 영남 안음현 노계촌에 우거하다.
- 8월, 동계 정온을 방문하다.
- 의원을 만나러 합천으로 가는 길에 거창현 동쪽에 있는 한훤 김굉필과 일두 정여창의 유적지를 찾아보다.

1638년 인조 16, 33세

- 1월, 사한리로 돌아오다.
- 4월, 황간에 있는 송시열에게 아들을 보내 수학하게 하다.
- 8월, 신독재 김집에게 아들을 보내 수학하게 하다.

1642년 인조 20, 37세

- 『연평문답』을 교정하다.

1643년 인조 21, 38세

- 2월, 동춘당을 건립하다.

1644년 인조 22, 39세

- 11월, 지평에 제수되었으나 사직하다.

1645년 인조 23, 40세

- 4월, 지평에 제수되었으나 사직하고, 상소하여 원손의 위호를 서둘러 정하고 김상헌을 불러 빈사賓師의 직임에 제수할 것을 아뢰다.

1646년 인조 24, 41세

- 3월, 정경세의 연보를 기초하다.
- 송시열이 와서 함께 『주역』을 강론하다.

1648년 인조 26, 43세

- 나명좌를 사위로 삼다.
- 5월, 부친의 연보를 기초하다. 송시열과 함께 『근사록석의』를 교정하다.

1649년 효종 즉위년, 44세

- 효종이 즉위한 뒤 6월에 부사직이 되고 이어 시강원 진선이 되다.
- 사위 나명좌가 죽다.
- 9월, 집의가 되다. 김자점을 귀양 보낼 것을 청하다. 이시만을 사판仕版에서 삭제하고 이행진을 파직할 것을 청하다.
- 11월, 경연에 입시하다.

1650년 효종 1, 45세

- 11월, 『상례비요』를 교정하다. 송시열과 함께 「율곡연보」를 교정하다.

1652년 효종 3, 47세

- 5월, 진선이 되었으나 사직하여 체차되다.
- 7월, 청음 김상헌을 곡하다.

1653년 효종 4, 48세

- 4월, 집의가 되었으나 사직하여 체차되다.
- 5월, 송애 松厓 김경여를 곡하다. 『주문작해』의 발문을 짓다.
- 9월, 송시열과 함께 계룡산을 유람하다.
- 11월, 송시열과 함께 『근사록석의』를 재차 교정하다.

1655년 효종 6, 50세

- 5월, 『의례경전』을 하사받다.
- 7월, 부인 정씨 鄭氏 가 죽다.
- 11월, 동부승지가 되었으나 사직하여 체차되다.

1656년 효종 7, 51세

- 1월, 시강원 찬선이 되다.
- 2월, 이조 참의가 되다. 찬선을 겸하다. 이조 참의를 사직하여 체차되다.
- 윤5월, 신독재 김집을 곡하다.
- 7월, 신독재 김집의 행장을 짓다.
- 8월, 우복 정경세의 행장을 짓다.
- 9월, 대곡 성운의 행장을 짓다. 사계 김장생의 시장을 짓다.

1657년 효종 8, 52세

- 6월, 특별히 찬선에 제수되다.
- 8월, 서울로 올라오는 도중에 이조 참의가 되었으나 사직하여 체차되고 다시 특명으로 찬선이 되다. 대궐에 나가 효종을 뵙고, 경연에 입시하다.

- 9월에서 12월에 이르는 동안 여러 차례 경연에 입시하다.

1658년 효종 9, 53세

- 1월, 경연에 입시하다.
- 4월, 호조 참판이 되었으나 사직하여 체차되다.
- 7월, 효종이 편찮다는 소식을 듣고 서울로 올라오다. 찬선이 되다.
- 9월, 송시열과 함께 입시하다. 서연에 입시하다. 대사헌이 되어 사직하였으나 윤허받지 못하다.
- 10월, 이조 참판이 되어 사직하였으나 윤허받지 못하다. 소대에 입시하다. 김상용과 홍명구에게 시호를 내릴 것을 청하다.
- 11월, 사직하여 이조 참판에서 체차되다. 찬선이 되다. 소대에 입시하다.
- 12월, 성균관 좨주를 겸하다. 대사헌이 되다.

1659년 효종 10, 54세

- 2월, 인견과 소대에 입시하다.
- 3월, 병조 판서가 되다.
- 5월, 효종이 승하하자 「대왕대비복제의大王大妃服制議」를 올리다.
- 6월, 대사헌이 되다. 장악원 제조가 되다. 이조 판서가 되다.
- 10월, 「대행대왕만장大行大王挽章」을 지어 올리다.

1660년 현종 1, 55세

- 3월, 우참찬이 되다.
- 4월, 윤선도의 상소로 인하여 인혐하고 서호西湖로 물러나다.
- 9월, 사관 이광직이 왕명을 받들고 회덕에 와서 구황의 계책을 묻다.

1661년 현종 2, 56세

- 1월, 우참찬이 되다.
- 4월, 경연에 입시하다.

1662년 현종 3, 57세

- 1월에 대사헌에서 체차되었다가 2월에 다시 대사헌이 되고 5월에 체차되다.
- 5월, 사계 김장생의 유고를 교정하다.
- 8월, 대사헌에서 체차되다. 나명좌에게 시집갔다 과부가 된 딸이 자결하다.

1663년 현종 4, 58세

- 누차 대사헌이 되고 사직하여 체차되다.

1664년 현종 5, 59세

- 누차 대사헌이 되고 사직하다.

1665년 현종 6, 60세

- 4월에 다시 대사헌이 되었다가 5월에 사직하다.
- 6월, 원자 보양관이 되다.
- 9월, 원자와 상견례를 하다. 『심경』의 구두를 교정하여 올리다.
- 10월, 사직 상소를 올리고 고향으로 돌아오다.

1666년 현종 7, 61세

- 12월, 찬선이 되다. 연기 현감에게 부탁하여 『연평문답』을 간행하게 하고 그 발문을 짓다.

1667년 현종 8, 62세

- 2월, 『소학언해』를 교정하여 올리다. 청나라에 다녀온 허적을 탄핵한 일로 간관들에게 유배의 명이 내려지자 명을 회수하기를 청하는 상소를 올리다.

1668년 현종 9, 63세

- 2월, 홍명하를 곡하다.
- 8월, 이조 판서가 되다.
- 10월, 소대와 서연에 누차 입시하다.

1669년 현종 10, 64세

- 수시로 소대에 입시하다.

1670년 현종 11, 65세

- 3월, 동궁의 관례에 참여하다. 이단상을 곡하다.
- 8월, 대사헌이 되다.

1671년 현종 12, 66세

- 1월, 조복양을 곡하다.
- 5월, 지중추부사가 되다. 이후 대사헌을 거치다.

1672년 현종 13, 67세

- 4월, 『삼절유고』의 발문을 짓다.
- 11월, 병이 심해지다. 송시열이 화양동에서 와서 문병하다.
- 12월 2일, 회덕의 동춘당에서 졸하다.

1673년 현종 14

- 1월, 영의정에 추증되다.
- 3월, 연기 죽안리에 장사 지내다.

지은이 _ 송준길宋浚吉, 1606~1672

조선 후기의 문신이자 학자이다. 자는 명보明甫, 호는 동춘당同春堂, 본관은 은진恩津이다. 송준길은 당대에 사계沙溪 김장생金長生과 신독재愼獨齋 김집金集의 뒤를 이어 예학禮學의 종장宗匠으로 추대되었다. 김장생과 김집의 예제禮制 정비 사업에 함께 참여하여 『상례비요喪禮備要』와 『가례집람家禮輯覽』을 완성함으로써 조선 예학의 이론 체계를 완비하였다. 또한 왕가 후계의 교육을 중시하여 임금과 원자에게 진강하기를 힘썼다.

옮긴이 _ 정태현鄭太鉉

지산止山 임성무林聖武 선생과 봉서鳳西 오우선吳禹善 선생에게 사사師事하였다. 민족문화추진회 국역연수원을 졸업하고 현재 한국고전번역원 부설 고전번역교육원 명예한학교수이다. 번역서로 『춘추좌씨전』, 『당송팔대가문초 한유』, 『동춘당집』, 『한수재집』, 『고봉집』 등이 있다.

평설자 _ 이라나

서울예술대학교 극작과와 동덕여자대학교 문예창작과를 졸업하고, 성균관대학교 대학원 동아시아학과 박사과정을 수료하였다. 한국고전번역원 부설 고전번역교육원에서 한문교육과정을 마쳤다. 번역서로 『일성록』, 『월정집』, 『낙전당집』, 『용주유고』, 『동강유집』 등이 있다.

감수자 _ 류준필柳浚弼

서울대학교 국어국문학과를 졸업하고 동 대학원에서 박사 학위를 받았다. 현재 인하대학교 한국학연구소 교수로 재직 중이다. 저서로 『동아시아의 자국학과 자국문학사 인식』 등이 있다.

동춘당집

송준길 지음 | 정태현 옮김 | 이라나 평설 | 류준필 감수

2017년 9월 20일 초판 1쇄 발행

발행인　신승운
발행　한국고전번역원 | 등록　2008. 3. 12. 제300-2008-22호
주소　03000 서울특별시 종로구 비봉길 1
전화　02-6263-0464 | 팩스 02-6339-0724 | 홈페이지 www.itkc.or.kr

기획　한국고전번역원
책임편집　한문희 | 편집　박지은 변구일 윤명란 천현주
디자인　씨오디 | 인쇄　(주)나인애드

값 12,000원
ISBN 978-89-284-0486-5 04080

* 이 책은 교육부로부터 인문학 진흥을 위한 저서출판지원을 받아 출간하였습니다.